支付清算知识普及读本

中国支付清算协会　编著

中国金融出版社

责任编辑：吕　楠
责任校对：孙　蕊
责任印制：陈晓川

图书在版编目（CIP）数据

支付清算知识普及读本／中国支付清算协会编著．—北京：中国金融出版社，2020.9

ISBN 978 - 7 - 5220 - 0808 - 0

Ⅰ.①支⋯　Ⅱ.①中⋯　Ⅲ.①支付方式—基本知识—中国　Ⅳ.①F832.6

中国版本图书馆 CIP 数据核字（2020）第 171547 号

支付清算知识普及读本
ZHIFU QINGSUAN ZHISHI PUJI DUBEN

出版
发行　**中国金融出版社**

社址　北京市丰台区益泽路 2 号
市场开发部　（010）66024766，63805472，63439533（传真）
网上书店　http：//www.chinafph.com
　　　　　　（010）66024766，63372837（传真）
读者服务部　（010）66070833，62568380
邮编　100071
经销　新华书店
印刷　北京市松源印刷有限公司
尺寸　169 毫米 × 239 毫米
印张　14.25
字数　190 千
版次　2020 年 9 月第 1 版
印次　2020 年 9 月第 1 次印刷
定价　56.00 元
ISBN 978 - 7 - 5220 - 0808 - 0
如出现印装错误本社负责调换　联系电话（010）63263947

编写组

组　　长：陈　波

副组长：马国光　王素珍　潘　松　倪春野
　　　　程世刚　亢　林

统　　稿：陆强华　任　亮　郭　航

成　　员：(按姓氏笔画排序)
　　　　丁华明　于　沛　王玉雄　许　江
　　　　连　军　杨志宁　陆强华　陈　凌
　　　　袁　钢　高阳宗　詹　欣

执　　笔：(按姓氏笔画排序)
　　　　王　倩　王　蕊　张岩岩　张婷婷
　　　　张　璇　李子豪　侯彦娜　侯晓晨
　　　　赵子如　姚　奇　俞紫麟　郭　航

坚持严监管常态化
保障支付产业高质量发展①

范一飞

一、严监管常态化成效显著

支付产业是国民经济的基础，我国经济的高质量发展离不开支付产业的高质量发展，而支付产业高质量发展离不开严监管保驾护航。为此，人民银行坚决贯彻落实党中央、国务院决策部署，保持严监管定力，常态化一以贯之，努力防风险、促改革，取得显著成效。

（一）严监管常态化工作机制基本确立。

2015 年以来，针对给支付服务市场秩序带来严峻挑战的各种乱象，我们迎难而上、重典治乱。坚持系统治理，从整顿监管作风入手，转变监管理念，突出包容审慎监管、依法监管、创新监管、分类监管、协同监管；压实监管责任，打造监管文化，努力做到恪尽职守、敢于监管、精于监管、严格问责，形成违规受罚、合规光荣的支付监管氛围。从改革监管体制入手，设立基层支付结算部门和专门执法检查大队，调配监管力量、加强监管培训，打造忠诚担当、纪律严明、能力过硬的监管队伍。

我们坚持综合治理，构建"政府监管、行业自律、社会监督和公司

---

① 本文原载于《中国支付清算》2019 年第 4 辑，第 1－7 页。本书编写组谨以此文作为本书导读。

治理"一体化治理模式,多点发力、形成合力。实施"突击检查、专项检查、随机抽查和现场核查"组合拳,丰富检查形式,做到灵活机动、精准有效。坚持顶格处理、较真碰硬,树立监管权威、形成刚性约束,真正让监管严起来、强起来。创新分类评级和许可证续展相结合的非现场监管模式,疏通非银行支付机构(以下简称支付机构)市场退出渠道,让严监管常态化为支付服务市场保驾护航。

(二)防范化解风险取得重大进展。

通过严监管常态化,大力开展防范和化解风险工作,疏解了一些重大风险隐患,摸索出一些有益工作经验。一是成功实施备付金全额缴存,牢牢掌握风险管理主动权。精心设计备付金集中全额存管制度,分步骤完成全额交存人民银行,使政府监管更加自信,社会公众更加信赖政府监管,支付机构更加聚焦主业发展。二是圆满完成断直连工作。推动建设运行网联平台,实施网联平台集中清算,成功化解无证经营清算业务风险隐患,在大大提高清算透明度的同时显著降低互联互通成本,促进支付机构公平竞争和创新发展。三是合规发展的产业氛围日益浓厚。自2015年以来,累计罚没金额近7亿元,最高的一笔处罚金额达1.6亿元,形成强大的震慑作用和警示效应,持牌机构规范经营、不敢违规、不想违规的意识明显增强。

(三)支付领域供给侧结构性改革不断深化。

通过严监管常态化,督促市场主体恪守服务实体经济发展和民生改善这一初心,坚持顶层设计和基层落实相结合,调整优化支付安排,深挖银行账户、支付工具、支付系统服务经济民生的潜力,全面助推营商环境改善,努力推动支付服务供给实现效率变革、质量变革和动力变革。

在服务企业方面,全面投产人民币跨境支付系统,延长大额支付系统运行时间,高效服务企业国内经营和走出去发展。取消企业银行账户行政许可,缩短企业开户时间。联合工业和信息化部等部门建成运行企业信息联网核查系统,打破涉企信息孤岛。推动电票取代纸票占据市场主导地位,便利企业结算和融资。银行卡清算市场准入工作有序推进,批准美国贝宝公司以股权收购方式进入中国支付服务市场，"引进来"取得实质性进展。市场主体纷纷推出"小微企业卡""票付通""贴现通"等若干创新举措，推动企业支付服务从服务大中型企业向小微企业深入、从流程化向定制化服务发展、从便利支付向便利经营转变。

在服务民生方面，不断提升支付效率和普惠程度。指导市场主体推出乡村振兴主题卡，助力农村支付服务提质增效。大力推进移动支付便民工程建设，"云闪付"APP 注册用户累计达 2.2 亿，移动支付场景从购物、旅游、饮食逐渐扩大至交通、医疗、公共服务等人民生活各个方面。服务粤港澳大湾区建设，银联港澳版云闪付、微信和支付宝的香港电子钱包等相继涌现，香港居民足不出港即可代理见证开立内地Ⅱ类、Ⅲ类账户。推出手机号码支付，优化网联、银联清算平台运行，成功保障"双十一"等重大主题消费活动。网联平台单日处理业务破 11 亿笔，成为全球单日处理笔数最多的支付基础设施。2019 年"双十一"，产业各方再次协同努力，网联、银联合计处理网络支付近 18 亿笔、1.5 万亿元，同比增长接近 36%、163%。

（四）支付环境得以不断净化。

支付环境整治关系支付产业自身发展乃至经济发展大局。为此，人民银行努力营造适宜的支付环境，努力维护社会公众对于国家货币转移机制的信心，保障公众安全便捷使用支付工具进行消费和投资，充分发挥支付产业刺激消费、服务实体经济的重要作用。

着眼支付生态系统，通过联合整治"无证经营支付业务、电信网络诈骗犯罪、非法买卖银行卡信息、预付卡违规经营"，铲除容易形成弥漫性、浸透式、连锁性效应的支付风险隐患。密切关注风险发展态势，不遗余力调整安全防护措施。针对电信诈骗扰动百姓钱包安全，建立涉案账户紧急止付和快速冻结机制，建成运行风险事件管理平台，及时处置风险案件；更新 21 条管理举措，强化源头治理和系统整治，保障人民群众财产安全；在个人银行账户分类改革基础上，压实Ⅱ类、Ⅲ类账户风险防范责任，健全风险监测机制。

针对网络赌博和网络黑灰产业，充分利用联合整治支付结算重大违法犯罪办公室等多部门联合工作机制，组织持牌机构开展全方位、全链路风险监测，强化大额、可疑交易报告义务履行。特别对涉赌、黑灰产业风险高发的地区和境外商户，组织开展专项检查和巡查，建立账户黑名单制度，有效控制涉嫌网络赌博和黑灰产业资金结算活动，维护社会和谐安宁。

实践证明，我们的监管是成功的，做法是正确的。支付市场乱象得到有效整治，为防范和化解金融风险攻坚战取得阶段性成果作出积极贡献。包容审慎监管在管住风险的同时积极鼓励支付创新，支付产业不仅是实体经济的重要支撑者，还日益成为数字经济的重要引领者，"规范发展与鼓励创新"并重的中国式支付产业发展道路越走越宽。一系列发展成就也得到方方面面肯定，获得社会各界称赞。

二、严监管常态化需要摆在更加突出的位置

严监管成效显著，但消除顽疾不可能一蹴而就，新情况、新问题也不断出现。有些问题偏离产业发展初心，不及时处置将严重损害产业发展成果，因此必须增强忧患意识，对这些问题正面直视，绝不懈怠。

（一）无证经营屡禁不止。

支付业务属于金融业务，必须持牌经营、接受监管。2 号令颁布之后，无证经营依然我行我素，成为市场乱象的重要推手。自 2016 年开始，我们联合多部门开展的无证经营支付业务整治成效显著，但有关问题仍未得到根治。有的机构不熟悉监管政策就盲目上项目开展支付业务；有的机构受利益驱动、明知故犯，特别是持牌机构漠视监管规定，以身试法与无证机构开展合作。近期，无证经营出现一些值得关注的新动向，比如"跑分""炒鞋"等新型平台类主体不断涌现，还有一些境外机构或平台从事无证经营。无证机构游离于监管之外，无视合规要求，风险管理薄弱，业务拓展没有底线，严重扰乱市场秩序，损害持牌机构利益和竞争力，同时客户资金安全、信息安全隐患极大，必须予以彻底整治。

（二）共性问题屡查屡犯。

严监管实施以来，人民银行在全国范围内对各类机构开展了大量执法检查。检查中发现不少共性问题特别是老问题持续高发、相互交织、查而不止。一是特约商户审核不严。这一问题支付机构有，银行也存在，总体上银行好于支付机构。审核不严，准入管理流于形式，后续的持续识别客户、商户风险评级、商户检查、交易监测等往往形同虚设，随之而来的则是伪造、编造交易，交易信息真实性、完整性都受到影响。二是核心业务外包。有些机构从事收单业务，既不舍得投入，把商户资质审核等核心业务拱手让人，又不善于外包管理，结果核心业务开展不力，客户资源受控于外包机构。三是受理终端管理不严密，支付机构挪用、买卖终端、移机、"一机多码""一机多户"等现象频频出现。四是为非法活动提供支付服务。商户管理、终端管理问题往往给非法活动提供可乘之机。例如，有些收单机构的特约商户大部分都是虚假商户，实际上就是利用虚假商户和终端为网络赌博、黑灰产业提供支付渠道。2019年以来，人民银行收到支付领域投诉举报近3200件，其中反映银行、支付机构涉嫌为赌博等非法网络平台提供支付服务的占七成以上。

对这些问题必须高度重视，不要图小利而失大义。商户审核不严实质上是特约商户实名制没有落实到位，"了解你的客户"（KYC）出了问题。深层次上看是支付体系入口把关不严，留下的风险隐患迟早暴露，所以出问题的机构责任很大，务必在检查后切实整改，真正做到亡羊补牢、惩前毖后。

此外，违规将跨行收单业务变为"本代本"交易也需要高度关注。近年来个别大型支付机构凭借C端客户优势和补贴措施，以低价竞争手段抢夺高净值商户，将独立收单机构变为少数机构的外包服务商，严重扭曲正常收单市场秩序；在流程上将消费信贷产品与支付服务无缝对接，无须满足信用卡风险管理要求，即可利用交叉性金融产品挤占传统信用卡市场；同时，客户侧和商户侧业务互相强化，将原本应跨行结算的收单交易违规转换为"本代本"交易，通过自有客户备付金资金池形成业务闭环，变相逃避清算机构交易转接和交易监测。这一模式下，不仅支付交易真实性和透明度难以保证，也增加了商户成本和市场集中度，不利于公平竞争和产业健康发展。

（三）垫资结算存在隐患。

2019 年以来，人民银行高度关注支付机构为特约商户提供当日资金结算业务（即 T＋0／D＋0 资金结算），其中的风险点值得大家高度警惕。当日结算改变传统次日结算的做法和流程，提前将资金结算给特约商户。其资金来源主要是支付机构的自有资金或者合作银行的资金，其中银行日间授信最为普遍。无论采用哪种资金形式，都容易被诟病为支付机构变相为特约商户提供信贷服务。按照 2 号令规定，支付机构只是在收付款人之间作为中介机构提供资金转移服务，应当按照《支付业务许可证》核准的业务范围从事经营活动，不得从事核准范围之外的贷款服务。

当日结算容易滋生很多风险隐患。一些银行和支付机构把银行日间授信额度扩大化、期限长期化，有些支付机构还通过关联公司或者虚构交易，将银行垫资款项挪作他用，如向关联机构放贷、偿还 P2P 平台贷款等，导致网络借贷等互联网金融风险向支付领域蔓延。更有甚者，将银行套取的短期授信投资于理财、基金、房地产和长期股权等风险高的资产，产生严重的期限错配。从前期排查情况看，已经发现资金疑似被关联公司挪用情形，甚至有风险敞口暴露。需要高度重视，务必审慎对待当日结算业务。

（四）清算系统运行压力日增。

总体上看，我国的资金清算系统运行良好，但面临形势不容乐观。第一，伴随国内消费峰值主题化、节日化的发展势头，网络支付高并发成为常态，清算系统的峰值保障也随之常态化，对各清算机构、银行、支付机构的业务系统都提出严峻挑战。第二，各资金清算系统以大额支付系统为枢纽，形成互联互通的批发支付生态系统，在优化业务流程、提高处理效率的同时，也增加了支付清算系统的复杂性，对安全生产和业务保障提出了更高要求，因此安全生产的整体一致性不容忽视。有的清算平台建成运行时间较短，可持续发展商业模式正在探索，亟待在安全生产能力、安全生产标准等方面强本固基。第三，风险事件时有发生。今年以来，人民银行接报的资金清算系统风险事件共12起，涉及清算机构、银行和支付机构，表明风险隐患无处不在，而且有的故障并不是发生在峰值保障期间，可以说安全生产之弦永远需要紧绷。第四，从日常管理来看，运营机构对支付与市场基础设施的知识储备不够。支付与市场基础设施的国际标准虽然在我国已经普及，但不够深入。运营机构学不深、悟不透，会影响自身的专业使命定位和专业素养提升，降低对清算系统地位和作用的认识，甚至模糊日常运维标准。不同的支付与市场基础设施有共同的风险管理标准，但也有独特的风险管理要求，需要结合国际先进标准探索自身适用的风控实务。

三、以严监管保障支付产业高质量发展

支付业务与风险总是相伴而行，因此严监管常态化永远在路上。要直面问题所在，更要和产业各方一道，拿出勇气去治理和改进，拿出决心来规范和整改，将"改"字贯穿始终，推动严监管常态化取得更大成果，保障支付产业高质量发展。

（一）从严从重打击无证机构。

要把严厉打击无证机构作为严监管常态化的最重要任务常抓不懈，作为进一步提升金融治理能力的靶向狠下功夫。改变毕其功于一役的打法，坚持猛药去疴和久久为功相结合，工作机制、打击方法、力量调配都要着眼和适应于持久战。坚持系统治理，改变"铁路警察、各管一段"的治理模式，从支付业务全流程、全链条的角度探索打击方法。坚决落实习近平总书记今年在第十三次政治局学习时的讲话精神，及时总结金融科技应用试点做法，与时俱进加快监管科技发展步伐，运用大数据等新技术打造监管利器，实时在线监测无证机构，使所有资金流动都在监督视野之内。要落实《优化营商环境条例》，加强监管信息归集共

享和关联整合，推行以远程监管、移动监管、预警防控为特征的非现场监管，提升监管的精准化、智能化水平。要坚持协同监管，注重总结抓典型，落实好 14 部门支付机构风险专项整治方案的要求，在相关网站和媒体适时公布无证机构名单，发挥震慑作用。市场主体要积极配合打击无证机构，充分履行报告义务，形成协同打击无证经营的工作局面。

（二）规范创新严控交叉风险。

对依托支付账户开展的线上信用支付方式创新，有关各方要进一步加大调查研究力度，准确把握业务实质，合理评估业务风险，深入研究支付机构与信贷机构合作、支付产品与信贷产品嫁接等潜在影响。有关机构务必坚持审慎、合规经营，特别要警惕围绕支付业务大搞金融产品嵌套，避免导致杠杆率持续攀升、风险跨市场间传染、底层资产无法穿透、资金流向无人知晓、风险资产规模无法统计等重大风险隐患。

各持牌机构要认真落实 2017 年全国金融工作会议精神，抓早抓小加强风险防范和处置，把风险防控和业务合规放在首要位置，严格遵守人民银行管理规定，禁止通过各类所谓创新违规将跨行业务转换为"本代本"交易，扰乱收单市场秩序。要按照银行卡收单业务管理规定，将商户收单资金结算至同名或其指定的、与其存在合法资金管理关系的单位银行结算账户。要严格按照支付账户管理办法，做好单位支付账户开户和使用。要回归支付业务本源，规范与其他金融机构合作行为，严格落实人民银行规范支付创新业务的监管要求。

利用交叉性金融开展收单业务应取得金融管理部门认可，避免放大交叉性金融风险。下一步，人民银行将重点检查银行卡收单业务合规情况及支付账户开立和使用情况，并会同监管部门完善交叉性金融产品监管规则。另外要强调的是，向人民银行履行报告义务是市场主体应尽的责任。人民银行作为支付服务市场"守夜人"，会综合考虑市场主体的合理诉求，帮助大家前瞻性地甄别风险、查漏补遗，同时也会依法依规加大对不履行报告义务机构的惩戒力度。

（三）着力狠抓监管制度落实。

都说收单市场很乱，究其原因就是忘了根本、丢了基础。部分机构在申请牌照时信誉旦旦，但获牌之后就忘记初心乃至辱没使命，无视监管规定，缺少起码的制度敬畏和职业操守，热衷于为违法经营活动提供收单服务，找不准经营发展方向。缺什么就要补什么，持牌机构要尊崇、敬畏监管制度，今后一段时间要把学习好、落实好监管制度作为业务开展基础常抓不懈。在学习上，不仅业务经办人员和高管人员都要学深弄懂，更重要的是将监管规定落实纳入公司经营规划和战略扎实执行。只有学深学透监管制度，才能在业务创新中体现制度意识。在落实上，要做到一分部署、九分落实，靠落实制度抓效益，靠落实制度预防风险。今后，对执法检查发现的问题要广而告之、点名通报，持牌机构要对照他人的问题自我检视，做到举一反三、防微杜渐，避免屡查屡犯。

要把执行好"了解你的客户"原则、落实好账户实名制和特约商户实名制作为当前贯彻监管制度的重中之重。落实实名制是从事金融业务必须履行的义务，必须不折不扣地执行。在这方面对银行和支付机构的要求是一视同仁的。银行通过柜台进行多年的探索，在账户实名制和特约商户实名制方面已经形成较为成熟的做法。支付机构没有网点柜台，如何有效落实还需要协同推进。特别是随着B端客户规模不断扩大，亟待加强客户识别，要运用好已有的个人身份信息联网核查系统、企业信息联网核查系统等核验渠道，结合实践不断探索完善客户识别手段和工作机制。

（四）切实防范垫资结算风险。

有关机构要围绕了解你的客户、控制结算风险、防止资金挪用等问题，认真开展当日结算业务风险排查，发现问题务必整改到位、不打折扣，切实防止新增问题。严禁通过虚构交易、虚构商户等形式开展业务，挪用资金。对于性质恶劣、主观恶意挪用垫资款项的支付机构我们将严惩不怠。持牌机构务必坚决回归业务本源，坚决避免超范围或未经许可开展业务，已经开展的务必令行禁止。未来，人民银行将进一步加大监管力度，建立对此类业务的长效监管机制，强化备付金风险监测，会同有关部门对业务开展过程中额度审核不严、将日间授信衍生为中长期贷款的银行机构进行通报，切实防范资金挪用风险。各持牌机构要切实履行主体责任，增强合规经营意识，做好风险隔离，切实保护客户信息和资金安全。

（五）全力保障清算系统运行。

清算系统是以人民为中心的支付产业发展安排重要组成部分，各运营机构要提高政治站位，进一步增强责任感、使命感和危机感，秉持底线思维和战略思维，着眼全面开放条件下的重大运行风险防范，科学构筑"三道防线"，切实提高风控能力。要对照国际先进的《金融市场基础设施原则》和关键信息基础设施建设要求，检视自身发展和清算系统存在的不足。要清晰地认识到零售支付系统在整个批发支付生态系统中的互联节点位置和双向潜在影响，抓早抓小夯实各项安全应对措施。网联要按照金融标准加快自身机房建设，完善安全生产责任体系，优化应急处置方案，加大突发事件应急演练力度，及时排查风险隐患，切实提高平台运维的高可靠性，充分保障平台服务连续处理。银联和网联要围绕自身的清算职责定位和信息转接主业，不断提升转接清算核心能力。要加快业务发展模式探索，合理制定收费标准，既要满足可持续发展需求，也要兼顾市场公平竞争要求。

新形势下，各持牌机构都要树立"一盘棋"的运维理念，进一步提高重要敏感时期业务保障工作的统筹协调能力和协同作战能力。要优化断直连后的联合保障机制，协调上下游机构，统筹做好全链路的业务连续保障。各清算机构要密切关注清算平台处理的业务量变化，深入分析变化原因，做到知微见著、心中有数、提前应对。银行和支付机构要严守合规底线，跨行清算必须通过具有合法资质的清算机构处理。支付机构要规范系统操作水平，提高报送商户信息和交易信息的真实性、完整性。

推动支付清算行业高质量发展①

陈　波

支付清算业务是最基础、最广泛的金融服务。随着金融改革开放深入推进，我国支付清算行业保持了快速发展的态势，2011~2018年，非现金支付业务笔数与金额年均复合增长率分别达到30.7%和19.2%，远超同期经济增长速度。同时，市场面貌日新月异，在数字化应用、创新实践、生态构建和普惠服务等方面取得了显著成效，在国民经济和社会发展中的基础地位日益显著。作为行业自我完善的有效机制和监管的有益补充，支付清算行业自律组织应运而生，2011年，中国支付清算协会正式成立并履职，为行业规范、协调发展注入新生力量。

一、自律组织为支付清算行业保驾护航

我国支付清算行业自律的产生与发展有其必然性，既是行业发展形势所需，同时也肩负着行业治理的使命。实践证明，行业自律在引领发展、规范发展和服务发展等方面发挥了积极作用，构成了行业治理中不可或缺的组成部分。

行业自律有助于推动普惠金融发展。经过多年的发展，借助数字化、市场以及人口红利，我国支付市场已发展成为体量和增速均居全球前位的单一市场，市场覆盖率和渗透率大大提升，达到了"国民级"的服务规模。截至2018年底，银行人民币结算账户超过100亿户，支付账户接

---

①　本文原载于《中国金融》2019年第19期，第149-150页。本书编写组谨以此文作为本书导读。

近 50 亿户，服务的各类商户超过 5000 万户。支付服务已经渗透到经济社会发展的各个领域，改变了人民群众的生活方式，同时支付体系构成了普惠金融发展的重要基础设施。行业自律有助于动员最广大的市场主体，发挥行业自治的作用，引导支付市场主体坚守服务本质，培育服务匠心，降低服务受理门槛，推动服务均等化，为我国普惠金融发展提供基础服务和平台支撑，实现支付为民、支付惠民、支付安民。

行业自律有助于支付市场高效动员和规范管理。2011 年以来，互联网支付、移动支付等新兴支付发展迅猛，非银行支付机构崛起，支付创新层出不穷，打破了银行机构在支付体系中独家服务的局面，支付体系迎来了改革和开放的新局面。与此同时，支付工具、支付渠道、支付机构、支付模式的创新也引发一系列问题，如部分机构经营不规范、收费定价不透明、风险防范措施不完善、消费者权益得不到有效保障等。一方面，中国人民银行依法履行支付体系的组织者、促进者和监管者职能，通过制定相关制度和措施，不断加强和完善对支付市场的监督管理。另一方面，支付服务机构非常有必要加强自律和内部协调，依靠行业协调机制，有效解决服务定价、标准执行、规范经营等方面问题。行业自律作为一种"软法"机制，通过"自律之手"，能够充分发挥监管补充和缓释器的作用。对支付清算领域那些正处于快速发展变化阶段、市场有关各方争议较大、但风险诱因不容忽视的新问题，自律组织可以通过创新管理模式，精准施策，既防控支付风险，又支持新业务"有度"发展。

支付自律组织有助于我国支付行业开拓全球市场和提高国际话语权。近年来，我国支付行业扬帆出海，践行"一带一路"倡议，积极参与全球市场。2018 年，国内支付机构跨境互联网支付交易 24 亿笔、金额 4939.6 亿元，分别同比增长 91.2% 和 54.9%。与此同时，中国支付清算协会作为行业代表，着力推动国内外支付政策协调，加强与全球支付体系参与者的沟通，搭建合作平台，推动国内支付走出去，维护我国支付清算行业海外权益，提升我国支付清算行业的全球地位。我国支付清算行业已形成了行之有效的自律管理范式，为全球提供有益的经验，有助于树立中国支付发展道路自信。

二、支付清算行业自律内涵日益丰富

中国支付清算协会成立以来，秉持"支付为民"初心，践行"自律、维权、协调、服务"宗旨，整章建制、强化治理，逐步完善行业自律与服务的模式和手段，不断提升行业规范发展水平。协会会员单位从成立初期的164家发展到462家，会员单位类别日益丰富，包括了银行机构、支付机构、特许清算组织、财务公司、部分金融科技公司以及支付产业上下游企业，自律体系覆盖面进一步扩大，行业影响力不断扩大。

推动各项政策部署传导"下得去"。每一次重大政策的贯彻落实，都是对支付清算行业发展的一次规范和洗礼。支付清算协会着力建设重大政策贯彻落实的动员、推动和反馈机制。在规范商业预付卡管理、互联网金融风险专项整治、打击治理电信网络新型违法犯罪等重大政策出台后，支付清算协会都会开展行业动员和部署，加强政策宣传解读，协助排查风险，加强自律检查和督导，深入推动重大政策的贯彻和落地。比如，为了响应国务院《关于在制定行政法规规章行政规范性文件过程中充分听取企业和行业协会商会意见的通知》，支付清算协会主动向监管部门反馈行业诉求；在网络支付、条码支付、备付金集中存管以及指导和协助网联建设等方面，支付清算协会积极建言献策，加强组织推动，畅通传导渠道，协助解决政策落地的"最后一公里"问题。

确保支付重点领域风险"防得住"。行业自律组织贴近市场，措施手段更为灵活，在支付风险防控中的站位更加靠前。自成立以来，支付清算协会持续完善行业自律公约体系，共出台各类自律制度、技术标准、业务指引、协议范本等自律规范40余项，为行业发展提供了高效的自律管理依据。进一步完善自律机制，综合运用自律评价、自律检查、举报奖励、检测认证、风险提示等措施和手段，健全分级自律惩戒制度，构建公平、公正的争议解决机制，净化支付市场环境。支付结算违法违规行为举报奖励机制的社会监督效应日渐显现。2019年上半年，协会共完成举报调查2464件，对确认违规的机构实施自律警示、约谈高管、责令整改等自律措施，形成了有力的震慑作用。收单外包服务机构评级工作成效初显。首次向社会公开发布评级结果为C＋及以上2772家外包服务机构名单，评级结果"白名单"正向激励效应进一步发挥。

让行业发展之轮"转得动"。我国支付清算行业参与主体种类多样，业务发展快，市场格局变动大，社会对支付服务的需求广泛而多元。支付清算协会按照精益求精和分类服务的原则，推动一个论坛、一系列研讨会、一份产业年报、一册会刊、一个网站、一套教材等"十个一"服务工程，形成了综合性、高价值的行业信息服务体系；围绕发展热点和行业痛点，协会每年举办业务交流培训班、研讨会等100余期，参加人员超过5000人次；推动行业智库建设和人才计划实施，为行业发展和科学监管提供智力服务和信息支撑。与加拿大、澳大利亚等国家支付协会建立日常联系机制，加强与VISA、SWIFT等国际机构的交流，宣传中国支付发展成果，提供国际合作的信息和机会，推动中国支付"走出去"。为了全面提升行业服务水平，支付协会依托科技手段，聚焦风险信息和商户身份信息，推动建立了综合性的信息服务系统。2018年，支付清算协会通过行业风险信息共享系统推送商户黑名单信息1.37万条。截至2019年6月底，特约商户信息管理系统收录特约商户基本信息4878万条，为行业风险联防联控提供了基础保障。

让新科技在支付清算行业"用得活"。支付清算行业具有信息和技术密集的特征，从而成为金融科技应用的天然"试验田"和应用高产区。支付清算协会适时成立了金融科技专业委员会，深入开展金融科技专题研究工作；针对大数据、数字货币、监管科技等热点开展课题征集，推动金融科技行业交流和技术推广，为成员单位和市场机构提供前沿信息服务，确保支付清算行业在技术创新引领的道路上不断前行。

三、支付清算行业自律建设任重道远

行业发展越充分，服务能力越强，行业自律越是大有可为。支付清算产业的高质量发展迫切需要高质量的行业自律。未来，支付清算协会要与市场主体一道，勇于自我革命、自我调整，推动我国支付清算行业高质量发展。

深化对行业自律的认识。在"放管服"改革不断深化的背景下，支付清算协会将继续创新行业自律模式，着力改变市场和监管两头强、行业自律中间弱的"哑铃形"结构，发挥自律组织在防风险中的基础性作用。进一步丰富行业自律的内涵和手段，熨平监管周期和行业周期叠加带来的波动，使自律组织成为行业规范发展的重要防护网。

切实提升支付安全水平。在安全与效率的平衡中，引导市场主体聚焦支付安全，在个人信息保护、资金安全防护、消费者权益保护等方面创先争优，提升支付风险防范水平。综合运用自律和服务的手段，推动对无证经营、为非法平台提供服务等违规行为的非现场监测和举报查办。创新自律管理的模式，推动技术检测与认证、自律评价和评级、举报奖励等工作深入开展，提升市场管理的透明度，加大自律惩戒的力度，全面培育行业发展的合规文化。

构建支撑自律管理的服务体系。支付清算协会将不断创新服务的内容和机制，通过服务黏性增加自律刚性，构建行业自律的群众基础和利益关联。进一步加强自律组织市场化转型研究，优化服务布局，探索商业化运作模式。依托信息服务系统，引入外部信息数据源，在客户身份认证、黑名单数据共享以及商户信息查询等方面向会员和社会各界提供信息增值服务。不断建设和完善信息统计、研究和交流平台，为行业发展提供高层次智力服务。

推动金融科技创新发展。支付清算协会将积极组织和推动金融科技在支付领域的应用，成为金融科技热点及前沿讨论的"直播间"；强化金融科技标准制定和实施，促进科技赋能和成果转化。与此同时，在防范金融科技风险上坚持前瞻和底线思维并重，在拥抱金融科技创新的同时，守住不发生系统性金融风险的底线。

目　录 CONTENT

专栏目录 CONTENT

第一章　近距离认识支付

支付来源于经济活动。从物物交换，到一般等价物交换，再到传统的金银作为货币的支付，再到纸币以及现代信用货币的支付，支付经历了一个漫长的演变过程。今天，我们进入了电子支付的时代。

当前，各种支付产品和服务在我们的生活中无处不在。手机扫码支付、刷卡消费支付以及网银转账等每天都在我们的生活中发生。那么，在享受支付给生活带来便利的同时，你有没有思考过支付的本质到底是什么？支付方式是如何演变的？为什么现在的支付这么便捷好用？未来，我们还能享受到什么样更好的支付产品？

我们将从日常的生活体验出发，带领大家深入浅出地了解支付的内涵和起源发展、支付的流程、支付体系的组成和运作，一步一步地揭开支付的面纱。

第一节　领略支付的全貌

1. 什么是支付

支付是一种经济活动。我们的生产和生活都离不开支付。无论是消费、发工资还是购买原材料或者投资股票，都离不开支付。懂生活、懂经济、懂金融，首先要懂支付。

那么，什么是支付呢？我国对支付的定义尚未完全统一。

有人从价值运动的视角，将支付定义为货币作为独立价值形式进行的单方面运动；有人则强调支付与经济交易的关系，将支付定义为由社会经济活动引起的债权债务与货币的转移行为或者清偿交易时产生的债权债务关系的过程。英文中的 payment，其含义强调其作为一种偿付的义务，是接受货物服务后应当付出的对等偿付，颇具英美法系中"对价"原则。

一般认知中，支付源于经济活动，有经济活动就有支付需求。我国法定货币是人民币，包括纸币和硬币。在过去很长的一段时期内，现金支付是主要的支付方式。改革开放以来，随着电子支付的迅猛发展，非现金支付日益普及，成为主流的支付方式。高度发达的电子支付与经济活动高度融合，反过来对交易形成一个正向的推动，提高了交易的成功率，降低经济活动的交易成本，更好地促进消费的繁荣、商贸的发展和经济的增长，加速经济运转效率。比如我们生活中常见的移动支付出现后，移动支付与消费场景深度融合，支付的便利性大大提升，促进了消费的繁荣，助推了互联网经济潮流，从而推动我国经济快速发展。

2. 支付的起源与发展

从宏观历史发展的大视角看，支付与人类社会经济发展历程紧密相连。在什么样的社会经济发展阶段，就有什么样的支付。

支付起源于早期原始社会，人类社会开始拥有剩余财富后的物物交换，此时相应的支付方式是原始的、偶然的实物支付，如交换粮食、盐等。

由于物物交换的弊端，人们便从商品中分离出一些所有人共同认可的具有普遍交换价值的实物，作为一般等价物，这就形成了货币的原始形态。用一般等价物可以随时随地换取自己所需要的产品。

交易进一步活跃，由谷物、盐等普通商品充当一般等价物暴露出的弊端越来越显著。由于金属冶炼技术获得了极大的提高，人们逐渐使用易保存、易流通、易分割的金属取代普通商品作为一般等价物，便产生了金属货币。

随着经济活动的进一步发展，金属货币的缺点逐步明显，大宗、远距离交易时携带不方便，不能满足商品的流通需求。步入近现代社会后，纸质凭证彻底替代金属货币。

纸币一般由国家或由政府授权发行，是一种信用货币，纸币本身没有价值，是由国家政府的信用赋予其货币的价值。纸质的信用货币本身不具备价值，仅仅是交易和财富的"数据记录"，随着电子信息技术的发展，逐渐走向"观念化"和"虚拟化"，特别是在现代支付清算网络中，一切收支最终都只体现在资金账户数据的变动上。相应地，脱离了实体货币束缚的支付方式丰富多样，如银行卡支付、移动支付等，而基于不同身份验证方式，刷脸支付、指纹支付、体态支付等支付方式层出不穷。由于支付方式的科技属性强、渗透到经济生活的方方面面，这个阶段的支付体系已经非常发达，市场服务主体广泛，工具多样，法律法规健全，清算系统完备，形成了一个高度发达的电子支付体系。

3. 支付的功能和作用

从金融体系的功能看，支付功能的基础作用不可或缺。美国哈佛大学著名金融学教授罗伯特·默顿认为，金融体系具有以下六大基本功能：

一是清算和支付功能，即金融体系提供了便利商品、劳务和资产交易的清算支付手段；

二是融通资金和股权细化功能，即金融体系通过提供各种机制，汇聚资金并导向大规模的无法分割的投资项目；

三是为在时空上实现经济资源转移提供渠道，即金融体系提供了促使经济资源跨时间、地域和产业转移的方法和机制；

四是风险管理功能，即金融体系提供了应付不测和控制风险的手段及途径；

五是信息提供功能，即金融体系通过提供价格信号，帮助协调不同经济部门的非集中化决策；

六是解决激励问题，即金融体系解决了在金融交易双方拥有不对称信息及委托代理行为中的激励问题。

在金融体系功能中，支付的功能最基础，但也最重要，因此，支付功能排在首位。因为所有其他金融功能的实现，都是以支付为基础，支付功能具有不可替代性。

现代支付，对于一个国家而言，是经济命脉，是经济运行的基础，更是经济秩序的重要组成部分。没有合理有序的支付行为，整个经济就会变得混乱。格林斯潘在回忆录上写道"如果你试图使美国的经济瘫痪，只需要拿掉它的支付系统"。支付和市场基础设施委员会指出，"零售支付体系和工具对金融体系的效率和稳定有着重要的贡献，特别是对消费者信心和贸易结算。此外，货币在零售交易中作为交换媒介的高效和安全使用也是货币的重要功能和信用基础。因此，零售支付的效率和安全是中央银行尤为关注的。"①

从微观层面看，支付对经济的渗透和补充渠道变得更加多样化。首先是通过消费渠道，没有现金支付的"刺痛感"，电子支付能够刺激消费增长，对经济发展具有正向作用。其次是效率渠道，通过支付效率提升，有利于资金周转，降低资金占用，提高资金使用效率。最后是便利渠道。原来的支付，无论是缴费、转账，都要消费者跑到物理网点，费时费力，现在通过手机就能解决，减少了消费者的时间和交通成本。还有，电子支付的运营成本趋于降低，相比于现金，耗费的社会成本更低，"支付＋"效应的商业价值也不断提升。现代经济中，支付构筑了互联网发展的金融基础设施。几乎所有互联网生态的模式特别是 To C 端业态都需要网络支付实现闭环并进行资金处理和归集。

此外，支付在数字化普惠金融中具有独特的作用。任何金融交易必须依托支付结算才能触达客户，支付天然就具有"普惠"的性质，而且随着支付技术的创新，支付的推广成本和使用门槛不断降低。要让最贫穷的人能够以低成本接触到金融资源，首先必须依靠支付，特别是价格

---

① 见 CPSS, Policy issues of central banks in retail payments, March 2003.

极其低廉的网络支付服务。

在西太平洋岛国密克罗尼西亚联邦的一个叫雅浦（Yap）的小岛，岛上还处于原始经济阶段的土著居民，用一种巨大石盘当货币，叫费（Fei）。因为费太过于巨大，难以用于流通，在每一笔交易之后，费的新持有人不用搬走费，也不在费上面做记号，只让它留在原地，账目都是日后相互抵消（类似清算的作用）。甚至有的人一块费掉到海中去了，但大家仍然认同他依然持有这块费，于是他依然可以买东西。此时的"费"已经成为了观念上的货币，或者更确切地说，是一个记账系统。

从近现代支付发展历程看，支付的发展与经济发展阶段和经济活动的需求密切相关。

近代支付萌芽，源于文艺复兴时期的意大利，最早是为满足各国贸易商人的货币兑换需求，专门的货币兑换商由此应运而生，并逐渐演变为现代银行。

地理大发现和工业革命后，全世界范围内经济往来、人口流动加快，从而催生了汇款需求的激增，此时的主流支付形式是银行汇款。

20世纪60年代后，零售业、服务业等线下商业消费蓬勃发展，带动了银行卡支付的兴起，非现金支付工具开始渐渐替代现金。

进入2000年以来，随着互联网信息经济的发展，PayPal、Worldpay等互联网支付工具迅速兴起。2010年以后，在移动互联网普及的大浪潮下，更为方便、快捷、普惠的移动支付方兴未艾。

与世界支付发展历程类似，20世纪之前我国的支付也长期由钱庄票号汇款、现金支付为主，后来在西方的影响下逐渐出现现代银行汇款业务。清末民初时期，随着外国银行的进入以及国内银行业的兴起，中国的纸币发行各自为政，混乱不堪，除当时的中央银行发行的货币外，各类地方货币、银行票、关金券等也在一定时期内充当了货币的角色。改革开放以来，我国在短短 40 年左右的时间里，浓缩了国外支付 200 多年的发展历程，迅速经历了现金支付、银行汇款、互联网支付的历程，并率先普及移动支付，引领全球支付发展潮流。

随着科技水平的进一步发展，居民对支付体验的要求不断提升，支付与技术的融合创新更加深入，支付形态的变化可能会超乎想象，无感支付、物联网支付等新的支付业态也会不断出现。同时，作为支付载体的货币也可能发生变化，特别是数字货币的出现，将对支付方式产生重大影响。

📖 知识拓展 1：支付与货币——数字货币新发展和我国的 DC/EP

数字货币的发展，对于支付而言，既是机遇，也是挑战。数字货币改变了当前货币的形态和格局，支付与货币的关系呈现出新的变化，支付方式和业态也将随之发生变化。

一、数字货币发展概述

数字货币是以数字形式存在并基于网络记录价值归属和实现价值转移的货币。国际货币基金组织称之为"价值的数字表达"。

数字货币自产生以来得到多国中央银行及金融机构的广泛重视，许多国家已经陆续展开数字货币的应用研究和实践。从发展阶段来看，数字货币大体可以分为**加密货币、稳定币和法定数字货币**三类。

加密货币是一种基于区块链技术的数字化资产，通常由开发者发行和管理，被特定虚拟社区的成员所接受和使用，早期的比特币、莱特币、以太坊等都属于加密货币的范畴。加密货币的出现带来了新的支付工具和资产类别的概念，但这一类数字货币通常具有极端的价值波动性，并且伴随着洗钱和恐怖融资风险，这都限制了它成为广泛使用的支付手段和记账单位的可能性。

　　稳定币则是通过将价格与某种法币、资产（如黄金、石油）或一篮子资产（如商业银行存款、政府发行债券）进行挂钩以保持币值稳定的数字货币。稳定币的出现在一定程度上克服了加密货币价值波动性过大的问题，并能发挥一定的支付手段和记账单位作用。但由于缺乏权威机构的信用背书，其可能会对弱势货币造成冲击、对国际货币体系造成扰动。

　　法定数字货币是基于国家信用且一般由一国央行直接发行的数字货币。国际清算银行在关于中央银行数字货币的报告中，将法定数字货币定义为中央银行货币的数字形式。近年来，各主要国家和地区央行及货币当局均已开展对发行法定数字货币的研究，其中中国、新加坡和瑞典等国已经开始进行相关项目的研究试验。IMF 认为法定数字货币在降低现金成本，增强金融包容性、支付系统的稳定性、市场竞争性和原则性，促进货币政策实施等方面具有促进作用。

表 1.1　目前各国法定数字货币项目

国家	中央银行	数字货币项目	宣布时间	进度	区块链技术
厄瓜多尔	厄瓜多尔中央银行	—	2014	发布	
突尼斯	突尼斯中央银行	e—Dinar	2015	发布	
中国	中国人民银行	DC/EP	2016	发布	
塞内加尔共和国	西非国家中央银行 – 塞内加尔	eCFA	2016	发布	
新加坡	新加坡金融管理局	Ubin	2016	开发	Corda
瑞典	瑞典中央银行	e – Krona	2017	开发	
委内瑞拉	委内瑞拉中央银行	Petro	2017	发布	NEM
乌拉圭	乌拉圭中央银行	e – Peso	2017	发布	
柬埔寨	柬埔寨国家银行	—	2017	开发	Hyperledger Iroha
马绍尔群岛	马绍尔群岛银行	Sovereign	2018	开发	SOV turst Network
泰国	泰国银行	Inthanon	2018	开发	Corda
巴哈马	巴哈马中央银行	Sand Dollar	2018	测试	NZIA
库拉索	库拉索和圣马丁中央银行	—	2018	测试	Bitit

续表

国家	中央银行	数字货币项目	宣布时间	进度	区块链技术
土耳其	土耳其共和国中央银行	Turkcoin	2018	开发	—
伊朗	伊朗中央银行	PayMon	2019	开发	Phoenix Network
阿拉伯联合酋长国	阿拉伯联合酋长国中央银行	Aber	2019	测试	—
沙特阿拉伯	沙特阿拉伯金融监管局	Aber	2019	测试	—
东加勒比	东加勒比中央银行	DXCD	2019	测试	Bitit

发行法定数字货币是社会发展的必然趋势，不仅有助于央行更好地履行金融监管、推动货币管理质量提升、创新支付结算体系，而且作为"信息＋价值"的承载体，数字货币将对支付清算的本质、能力和范围产生深远的影响。法定数字货币的推出必将深刻变革金融支付行业的商业模式，并促进金融基础设施的进一步完善。

二、我国法定数字货币的研究简要发展历程

我国对法定数字货币的研究具有较高的前瞻性，早在2014年，人民银行就成立发行法定数字货币的专门研究小组，对数字货币发行和业务运行框架、数字货币的关键技术、发行流通环境、面临的法律问题等进行了深入研究。

2016年12月，人民银行数字票据交易平台原型系统测试成功，其基于区块链的全生命周期的登记流转和基于数字货币的票款对付（DVP）结算功能已经能够平稳实现。

2017年7月，人民银行数字货币研究所正式挂牌，专职负责对法定数字货币的技术和应用可能的研究。

2018年1月，范一飞副行长发表文章《关于央行数字货币的几点考虑》，提出大国发行央行数字货币是一个复杂的系统工程，我国的央行数字货币应该在双层投放体系安排下，以账户松耦合的方式投放，并坚

持中心化的管理模式。

2018 年 3 月，周小川行长在十三届全国人大一次会议记者会上首次对外公开人民银行的法定数字货币项目 DC/EP（Digital Currency/Electronic Payment）。

2019 年 8 月，中共中央、国务院发布关于支持深圳建设中国特色社会主义先行示范区的意见，提到支持在深圳开展数字货币研究等创新应用。

2019 年 11 月，范一飞副行长表示，目前央行法定数字货币 DC/EP 基本完成顶层设计、标准制定、功能研发、联调测试等工作，下一步将合理选择试点验证地区、场景和服务范围，稳妥推进数字化形态法定货币出台应用。

2020 年 4 月，人民银行 2020 年全国货币金银和安全保卫工作电视电话会议要求，要加强顶层设计，坚定不移推进法定数字货币研发工作。

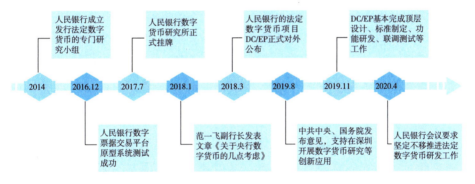

图 1.1　我国法定数字货币研究发展历程

三、我国法定数字货币的主要设计思路①

一是采用双层投放体系。由于我国幅员辽阔、人口众多，各地区经济发展、资源禀赋和人口受教育程度差异较大，在设计和投放（发行）、流通法定数字货币过程中，需要充分考虑系统、制度设计所面临的多样性和复杂性。而"双层投放"有利于充分利用商业机构现有资源、人

---

① 范一飞：关于央行数字货币的几点考虑［N］. 第一财经日报，2018 - 01 - 26（A05）.

才、技术等优势，通过市场驱动、促进创新、竞争选优，在分散化解风险的同时，也能避免"单层投放"带来的"金融脱媒"现象。在安全、可靠的前提下，中央银行与商业银行等机构可以密切合作，不预设技术路线，充分调动市场力量，共同开发、共同运行，这既有利于整合资源、发挥合力，也有利于促进创新。

二是坚持中心化的管理。为保持法定数字货币的法币属性，实现货币政策和宏观审慎管理目标，我国的法定数字货币双层投放体系应不同于各种代币的去中心化发行模式。第一，因为法定数字货币仍然是中央银行对社会公众的负债，因而仍必须保证央行在投放过程中的中心地位。第二，需要保证并加强央行的宏观审慎与货币政策调控职能。第三，不改变二元账户体系，保持原有货币政策传导方式。第四，为避免代理投放机构超发货币，需要有相应安排实现央行对数字货币投放的追踪和监管。因此，法定数字货币应坚持中心化投放模式。

三是以账户松耦合的方式投放。数字货币的中心化投放模式与传统电子支付工具也有所不同。电子支付工具的资金转移必须通过账户完成，采用的是账户紧耦合方式。法定数字货币则应基于账户松耦合形式，使交易环节对账户的依赖程度大为降低，既可和现金一样易于流通，又能实现可控匿名，使得法定数字货币持有人可直接将其应用于各种场景。法定数字货币将能实现可控匿名，只对央行这一第三方披露交易数据，在松耦合账户体系下，要求代理投放机构每日将交易数据异步传输至央行，既便于央行掌握必要的数据以确保审慎管理和反洗钱等监管目标得以实现，也能减轻商业机构的系统负担同时保护消费者个人信息和隐私。

四是现阶段设计注重 M_0 替代。就现阶段而言，一方面支持 M_1 和 M_2 流转的银行间支付清算系统（如大小额支付系统和网上支付跨行清算系统等）、商业银行行内系统以及非银行支付机构的各类网络支付手段等运转正常，且在不断完善升级、日益高效，能够满足我国经济发展的需要。用法定数字货币替代 M_1 和 M_2，既无助于提高支付效率，还会造成对现有系统和资源的巨大浪费。另一方面现有纸钞和硬币的发行、印制、回笼和贮藏等环节成本较高，流通体系层级多，且携带不便、易被伪造、匿名不可控，存在被用于洗钱等违法犯罪活动的风险，实现数字化的必要性与日俱增，而法定数字货币保持了现钞的属性和主要特征，满足了便携和匿名的需求，将是替代现钞的最好工具。

五是技术选型保持中立态度。 我国的法定数字货币将不会预设技术路线，也不会仅依赖某种单一技术路线。由于目前商业机构 IT 基础设施和服务体系已经比较成熟，在金融科技运用方面积累了一定的经验及人才储备。为了充分发挥商业机构的资源、人才和技术优势，人民银行对法定数字货币的技术路线是开放且中立的，不会干预商业机构的技术路线选择。只要满足央行并发量、客户体验、技术规范的要求，商业机构可以采用任何技术路线，如采用区块链技术等。央行将通过这种"赛马机制"的竞争选优来实现系统优化，共同开发，共同运营，充分调动市场力量，通过市场竞争来遴选出最能被老百姓接受、被市场接受的技术路线。

六是对加载智能合约保持审慎态度。 一方面，央行数字货币是对 M_0 的替代，具有无限法偿性，即承担了价值尺度、流通手段、支付手段和价值贮藏职能，而加载除法定货币本身功能外的智能合约，将影响其法偿功能，甚至使其褪化为有价票证，降低我国法定数字货币的可自由使用程度，也将对人民币国际化产生不利影响。另一方面，原有现钞并未承载任何其他的社会与行政职能。《中华人民共和国人民币管理条例》规定禁止故意损毁人民币。所以，在现钞上添加额外社会或行政功能实际上有损毁人民币之嫌。

4. 支付流程的"三段论"

现代支付作为资金的运动，可以分解成行为运动、信息运动、资金运动。相对应的就是交易、清算和结算过程。

行为运动即客观上发生的交易行为动作及对相关能力、意愿的确认，又称交易过程。

信息运动即在支付活动产生的金融信息数据的撮合、传递、归集和清分，又称清算过程。

资金运动即支付活动中最终的资金转移和确认，又称结算过程。

在古代社会，由于经济活动不发达，支付通常是偶然的、个别的、分散的，以简单的面对面直接交易为主，如"以物换物"或"一手交钱一手交货"等，支付活动中的交易、清算、结算过程是一体不可分的，也就是说，在发生支付行为时本身也就完成了信息和资金的交互。

随着国民经济的进一步发展，经济交易不断活跃，支付活动由偶然和分散转为大量和集中发生。同时，延期支付、远程支付的需求逐渐增加。为了满足大量经济交易和支付的需求，提高经济运转效率，银行等专门、集中处理支付业务的金融机构应运而生。所有支付涉及的资金清算、结算都汇集到银行等金融机构进行集中统一处理，支付清算和结算逐渐与交易开始分离。

进入现代社会，特别是中央银行出现后，央行作为"银行的银行"、"政府的银行"，将金融机构的跨机构的资金往来交由特许清算组织进行转接处理，清算与结算也分离。支付、清算和结算的专业化分工与合作，催生了庞大高效且现代化的清算结算网络，交易行为、清算、结算在空间和时间上分离，形成专业分工而又密切合作的业务体系。

举个例子，李明去商场购物消费了 3000 元，结账时他用一张 A 银行的信用卡刷商场的 POS 机，随后输入密码并签字完成支付，过程不超过一分钟。商户的收款账户是 B 银行账户。在这里，消费者所刷银行卡的发行银行称为发卡行（如本例中的 A 银行），商户 POS 机具的资金收款行为收单行（如本例中的 B 银行）。尽管交易和支付的过程很短，但这笔支付业务实际上是由一连串的过程组成的。

（1）交易

支付的交易过程可以比喻为支付流程中的"业务员"，直接面对客户提供服务。交易是支付的第一个环节，交易是对支付活动的发起和确认。

支付的交易过程包含支付指令的发起、确认和发送，这一过程既包括支付者发起支付活动，也包括受理端对支付者的身份、使用的支付工具和是否具备支付能力进行确认。在上述案例中，营业员在 POS 机上输入交易金额，李明在 POS 机上刷卡、输入密码就是发起支付，随后 POS 机将交易指令、支付报文发送发卡行（A 银行）后台查询交易是否合法、银行卡余额是否充足等来确认李明的身份和支付能力，并在银行卡的清算系统记录交易指令；确认无误后，A 银行扣除李明账户余额 3000 元，并将支付数据报送清算组织。

值得注意的是，对消费者个人（案例中李明）而言，由于是直接现付购买，在交易行为的本身被确认时，他就明确知道支付的金额（即 3000 元），交易确认后即时扣款。对于 A 银行、B 银行、银行卡清算机构等其他参与方而言，支付过程只是确认了交易行为，数据的归集清分、资金的划拨等清算、结算活动尚未开始。如对发卡行而言，其资金并未实际减少 3000 元，扣减李明账户的余额后只是相应增加了一笔对收单行的应付账款而已。

（2）清算

如果说支付的交易过程是"业务员"，那清算过程就是"账房先生"。清算过程主要是根据实际交易业务的发生而准确地进行"记账"和"算账"，主要任务是算清楚应该向谁付钱、付多少钱，应该向谁收钱、收多少钱。

清算过程是对支付信息数据的撮合、传递、归集和清分的过程。这个过程主要通过相关的清算机构的系统完成。在上例中，A 银行扣减了李明的账户余额后，将交易数据报文发送给银行卡清算机构，银行卡清算机构记录数据并发送收单行，这便是数据信息的传递、归集。清分是指对交易日志中记录的成功交易，逐笔计算交易本金及交易费用，然后按清算对象汇总轧差形成应收应付金额。上例中，银行卡清算机构记录后还要计算并记录账户金额，（为便于理解，假设刷卡手续费为 1%，发卡行、收单行、银行卡清算机构平分，那么这笔交易商品本金 2970 元，手续费 30 元，A 银行、B 银行、银行卡清算机构各 10 元)，即收单行应收 2980 元 (2970 + 10)，发卡行应付 2990 元 (3000 − 10)，银行卡清算机构应收 10 元。

在实际的经济运行中，每时每刻都发生着成千上万的经济交易活动，可能在李明购物的同一时段内，另外还有几十万人同时在刷卡购物，银行卡清算机构要汇总并记录所有的账户数据，并轧差汇总，比如一天之内所有的业务，A 银行的应付款总计 3000 万元，应收款总计 6000 万元，那么最后计算净额，只要对 A 银行账户划拨 3000 万元即可。最后，银行卡清算机构将汇总的数据向央行的大额支付系统、小额支付系统传递，完成清算过程。

可以看出，清算对安全要求高，对系统安全影响大，一旦出现问题，将会影响到很多的交易和交易参与方。因此，清算系统被视为重要的金融基础设施，需要持牌运营。在我国，在银行间执行清算功能的机构有中国银联、网联、城银清算、农信银等特许清算机构。

(3) 结算

如果说清算过程是"账房先生"，那么结算过程就是"出纳员"。根据"算账"的结果进行实际的资金收付操作，也就是"入账"。

结算过程是根据清算的结果在指定的时间对各方进行实际的资金转移操作。结算是对账户余额的变动和最终确认。资金由付款方账户转移到收款方账户。这个过程主要在央行建设运行的中国现代化支付系统 (简称 CNAPS，包括大额实时支付系统、小额批量支付系统、网上支付跨行清算系统等) 中完成。上例中，银行卡清算机构最后汇总 A 银行、B 银行的账户应收应付余额信息并报送央行后，由央行的大额实时清算系统最后完成资金的划拨，从而最终实现 B 银行在央行的备付金账户余额增加 3000 万元。至此，银行层面上完成了银行间的结算。当然，银行、支付系统内部的业务结算则在各自系统内完成。

同时，由于该商场是银联的直联商户，所以银联还会通过小额批量支付系统在商场的结算账户和收单行之间进行二次结算。如果商户采用的是间联模式，那就由各收单行自身账户体系内对商户进行二次结算，将商户的收入划拨到商户的结算账户中，最终实现对商户的结算。

由于涉及到资金的划转和账户余额的变动，结算受到最为严格的监管。

5. 支付的视角和分类

根据支付载体工具的不同，支付可以分为现金支付和非现金支付。现金支付也就是我们常说的"一手交钱、一手交货"，是基于现金载体的支付。随着支付的电子化发展，非现金支付逐渐变得越来越普及，我们日常生活中常见的扫码支付、刷卡支付等就是非现金支付。非现金支付可进一步根据支付工具的不同分为银行卡支付、移动支付等。

⚠ 风险提示 1：任何单位和个人不得拒收现金

近年来，非现金支付方式的广泛应用给我国经济社会发展带来了积极、深远的影响。但流通领域人民币现金使用出现了一些新问题，群众反映强烈。如一些消费者在旅游景区、餐饮、零售等行业商户消费时被拒收人民币现金，既损害了人民币的法定地位，也剥夺了消费者对支付方式的选择权。

中华人民共和国的法定货币是人民币，包括纸币和硬币（以下统称现金）。任何单位和个人不得以格式条款、通知、声明、告示等方式拒收现金，依法应当使用非现金支付工具的情形除外。同时，在接受现金支付的前提下，鼓励采用安全合法的非现金支付工具，保障人民群众和消费者在支付方式上的选择权。

人民群众和消费者如果发现拒收或者采取歧视性措施排斥现金的行为，可以通过消费者权益保护、城市政务热线、金融消费权益保护等各种渠道进行投诉、举报，人民银行将会同相关部门及时处理。

根据支付周期的不同，支付可以分为即期支付和延期支付，在上例中，李明是在购物时当场刷卡支付，即经济活动产生债权债务关系的同时完成支付，是即期支付。如果在经济活动产生债权债务关系一段时间以后实现资金的给付（如下个月才付款）则为延期支付。最典型、也是我们日常生活中最常见的就是涉及到担保交易的支付。消费者网购商品的时候，买家首先付款给第三方平台，随后需要卖家发货，买家收到货后进行确认收货，然后再由第三方平台将资金支付给卖家。

根据空间的不同，支付可以分为面对面支付和远程支付。在上例中，李明是当面当场支付，为面对面支付，也就是我们常说的线下支付；如果他不是去实体商场而是在电子商务平台上支付，则为远程支付，也就是我们常说的线上支付。

根据支付主体的不同，参考资金流向和主体动机，支付业务分为四类，一是个人对个人的业务（C2C），最重要的产品就是转账业务。二是个人对企业的业务（C2B），这是个人零售支付的主体业务。消费者购物或者享受服务向商家付款。最为典型的就是刷卡消费业务。三是企业对个人的业务（B2C），最为典型的就是企业发工资，政府发补贴。四是企业对企业的业务（B2B），这类支付相当于企业之间的划款，主要集中在生产领域。

知识拓展2：非银行支付机构业务分为哪些类型

根据中国人民银行发布的《非金融机构支付服务管理办法》（中国人民银行令〔2010〕第2号发布，以下简称"2号令"）及其细则，非金融机构支付服务包括网络支付、预付卡的发行和受理、银行卡收单以及中国人民银行确定的其他支付服务。

网络支付是指依托公共网络或专用网络在收付款人之间转移货币资金的行为，包括互联网支付、移动电话支付、固定电话支付、数字电视支付等。我们常见的网络支付场景有网上购物、网上转账等。在电子商务平台购物过程中，为消费者提供付款服务或为商户提供收款服务的支付机构都应持有网络支付的牌照。

预付卡是指以营利为目的发行的、在发行机构之外购买商品或服务的预付价值，包括采取磁条、芯片等技术以卡片、密码等形式发行的预付卡。这里的预付卡指的是多用途预付卡，可以在发行机构之外的企业或商户购买商品或服务用的一种预付卡，可跨地区、跨行业、跨法人使用。预付卡，简而言之，就是先储值再消费的一种卡片，可在商场、便利店、餐馆等多个签约客户处使用的卡片即多用途预付卡。

银行卡收单是指通过销售点（POS）终端等为持卡人提供银行卡受理，为特约商户提供交易资金结算并代收货币资金的行为。常见的银行卡收单有网络收单、POS 收单和 ATM 收单。以 POS 收单为例，我们在街边小超市刷银行卡消费时，我们输入密码确认交易后，我们银行卡里的资金会先转到收单机构的银行账户里，然后收单机构再将资金结算给超市。在这里，超市就是收单机构的特约商户，收单机构主要负责特约商户的开拓与管理、授权请求、账单结算等活动。

第二节　现代支付体系的运行"组件"

现代支付体系主要由支付工具、账户、支付系统、支付服务组织、支付清算系统和支付体系监督管理等要素组成。

1. 需求之源：支付交易主体

交易者是支付服务的实际需求方，是资金转移的直接发起者和接收者，在今天，我们每一个个体、机构组织都是经济活动的主体，政府收税和转移支付、企业支付原料采购费和支付员工工资、学生支付学费、病人支付医药费等，每个人或组织，只要参与到经济活动和社会生活，每一天作为不同的角色都会发生各种各样的支付行为，如上一刻李明作为消费者支付的购物的货款，下一刻就作为企业员工接收了单位支付的工资。

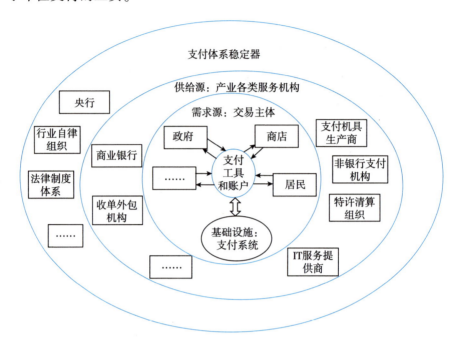

图 1.2　支付体系全景图

2. 供给之源：支付产业各类服务机构

支付服务供给主体就是提供各类支付服务的机构。它们包括为交易者提供账户和交易的商业银行和非银行支付机构、提供支付清算系统的各类特许清算组织以及提供支付外围相关服务的机具生产商、IT 服务商等产业链上下游相关机构。各类支付服务机构就像是支付体系的"蛋白酶"一样，分工明确，各司其职，密切合作，确保支付高效有序开展。我国已经初步形成以银行机构骨干、特许清算机构和支付机构为补充的多元化支付服务组织体系。

3. 服务载体：支付工具和账户

支付工具是用于发起支付交易和资金结算的载体与凭证，可以是记录和授权传递支付指令的账户证件，也可以是支付发起者签署的金融机构认可的票据和结算凭证。如上例中李明就是以银行卡作为支付工具完成支付。

在今天，支付工具的种类和形态丰富多样，除银行卡外、还有预付卡、票据、移动支付等各类方便快捷的支付工具和方式。按照工具的形态可以分为实体支付工具（如现金、银行卡、票据、预付卡等）和虚拟支付工具。

支付工具是支付加快资金周转、畅通经济循环的载体。支付工具具有鲜明的历史性：什么样的社会经济发展阶段，就相应催生出什么样的支付工具，支付工具又反过来推动支付方式向前发展。如在物物交换时代，粮食、盐、斧头等实物是相应支付工具；金银等金属货币出现后，就产生了金币、铜钱等支付工具；信用货币出现后，产生了银票、银行券等纸质的凭证作为支付工具，而银行券等纸质凭证的发展最终替代金属货币形成纸质货币。在现代社会，由于货币作为交易和财富的"数据记录"走向"观念化"，脱离了实体束缚后，在电子信息科技的发展下，各类数字化电子化的支付工具层出不穷，支付行为不断走向便捷化、无感化。由此，我们可以看出，支付工具是观察社会经济、支付发展的最佳切入点之一。

账户是单位和个人进行转账结算和现金存取等资金管理活动的基础，记录着社会资金运动的轨迹。账户主要包括银行账户、支付账户和证券账户几类，分别在各自领域发挥着支付"入口"的作用。对普通消费者来说，账户就相当于存放各类资金的"钱包"，转账汇款、领取薪水、消费投资等，都离不开账户的身影。

4. 基础设施：支付清算系统

支付清算系统是一个国家或地区对交易者之间的债权债务关系进行清偿的系统。具体来讲，它是由提供支付服务的中介机构、管理货币转移的规则、实现支付指令传递及资金清算的专业技术手段共同组成的，用于实现债权债务清偿及资金转移的一系列组织和安排。

支付清算系统是支付活动的基础设施，是资金循环的大动脉。相比于支付工具的"历史性"，支付清算系统则更具"现代性"，通常只有经济发展、科技发达到了一定的程度才会产生。目前，我国已基本建成以中国现代化支付系统（主要包括大、小额支付清算系统等）为核心，各商业银行行内系统为基础，票据交换系统、卡基支付系统等并存的完备的支付清算系统。

5. 监督管理：中央银行和法规制度

支付清算体系对国家的经济金融运转至关重要，是最重要的金融基础设施之一，维护支付清算体系的稳定至关重要。由中央银行负责支付清算体系包括基础设施的监管是国际通例，我国也不例外。

中国人民银行是我国支付体系的监管者、组织者和支付基础设施的重要建设者、运营者，也是支付清算服务组织体系的核心。中国人民银行的职责就是确保支付体系安全高效运行，保证社会公众对于货币的信心。

同时，人民银行作为支付体系监督管理主体，致力于推动建设完备的监督管理制度，如《中国人民银行法》《商业银行法》《票据法》《反洗钱法》等法律组成了支付清算法律体系的基石，在此基础上，为适应支付清算领域的发展，中国人民银行及其他相关部门颁布了《支付结算办法》《非金融机构支付服务管理办法》等一系列支付清算相关制度和规范性文件，初步确立了我国支付结算业务的法律框架，有力维护了支付体系稳定，促进了支付清算市场的健康有序发展。

📖 读书笔记

1. 支付是社会经济活动引起的债权债务与货币的转移行为，支付源于交易，又能反过来促进交易。

2. 支付历史发展与社会经济特别是货币历史发展密切相关。

3. 支付分为交易、清算、结算三大流程，并基于三个流程发展出了发达的现代支付清算网络体系。

4. 支付来源于经济活动。从物物交换，到一般等价物交换，再到传统的金银作为货币的支付，再到纸币以及现代信用货币的支付，支付经历了一个漫长的演变过程。今天，我们进入了电子支付的时代。

第二章　多层次的支付服务组织体系

随着现代支付体系的快速发展，支付产业链分工延伸细化，更多的专业化服务组织加入到支付清算行业，共同为社会提供高效、便捷的支付服务。经过多年发展和不断完善，我国基本形成以人民银行为核心、银行业金融机构为基础、特许清算组织和非银行支付机构为补充的多元化支付清算服务组织体系。它们共同组成了支付服务市场的供给方。下面，我们就向大家介绍支付大家族中的重要成员。

第一节　支付服务组织体系的核心：中国人民银行

为什么说支付服务组织体系的核心是人民银行呢？这是由人民银行的性质、地位和作用决定的。从全球范围来看，中央银行的主要职能包括制定、执行货币政策，对金融活动进行管理和监督等，这些职能的履行是以支付体系为基础。因此，支付结算的管理和服务一直是中央银行的重要职责之一。根据中央机构编制委员会办公室 2019 年编制的《中国人民银行职能配置、内设机构和人员编制规定》，统筹国家支付体系建设并实施监督管理、会同有关部门制定支付结算业务规则、负责全国支付清算系统的安全稳定高效运行是中国人民银行的主要职责之一。

概括来说，我国的中央银行即中国人民银行扮演着三种角色。首先，它是我国支付体系的监管者；其次，它是支付体系运行的组织者和推动者；最后，它是我国支付基础设施的重要建设者、运营者。从这三种角色来看，人民银行无疑是支付服务组织体系的核心。那么，人民银行是如何发挥这三方面作用的呢？

1. 作为支付体系的监督管理者

人民银行作为支付体系的监督管理者的地位是法定的。《中华人民共和国中国人民银行法》规定，中国人民银行肩负着"会同国务院银行业监督管理机构制定支付结算规则""组织或协助组织银行业金融机构相互之间的清算系统，协调银行业金融机构相互之间的清算事项，提供清算服务"等职责。《中国人民银行职能配置、内设机构和人员编制规定》中进一步明确了中国人民银行负责"组织国家支付体系建设并实施监督管理、组织建设和监督管理中国境内及跨境支付、清算、结算系统。监督管理非银行支付机构、清算机构及其他支付服务组织。"

2. 作为支付体系建设的组织者

计划经济时期，中国人民银行曾履行中央银行和商业银行的双重职能，集清算、结算、监督于一身，承担着"正确组织清算，准确及时办理结算，做好结算监督和综合反映"的职责。

改革开放以来，随着中国金融体制改革的不断深化和商业性金融机构的大量涌现，1984 年起中国人民银行不再经营商业性金融业务。此后，中国人民银行推动支付体系发展创新，在制定法规制度、发展非现金支付工具、改革清算体制、加强支付清算系统建设等方面发挥了重要作用，推动我国支付体系健康有序发展。

3. 作为支付体系的运行者

《中国人民银行法》赋予中国人民银行负责维护支付、清算系统的正常运行的法定职责。中国人民银行是银行业金融机构及金融市场清算及最终结算服务的提供者，中国人民银行直接运行银行间资金转账系统（如大额支付系统、小额支付系统、网上支付跨行清算系统等），既提供清算服务也提供结算服务；并对其他支付清算系统（如中国银联等）提供结算服务。

第二节　支付服务提供者：银行和支付机构

在支付清算服务组织中，与广大消费者和商户关系最紧密的要数银行业金融机构和非银行支付机构。因为它们直接面向单位和个人提供各类支付服务和产品。

1. 商业银行

银行业金融机构是我国支付服务的主要提供方，在支付清算市场中占据主体地位。

长期以来，银行业金融机构面向广大单位和个人提供各类支付服务。银行业金融机构处理的支付业务在规模、服务群体数量上均具有优势。

存、贷、汇是商业银行的三大业务。其中，汇就是支付结算业务。经过多年发展，我国商业银行已形成了票据、银行卡、汇兑、委托收款、托收承付、信用证、网络支付、移动支付等完整的支付服务体系以及完备的业务处理系统。

近年来，除了传统的票据、银行卡、汇兑、委托收款、托收承付等传统业务以外，商业银行大力发展网络支付、移动支付等新兴支付方式，提升零售支付服务水平。

2. 非银行支付机构

随着网络信息通信技术的快速发展和零售支付多样化需求的激增，支付产业分工不断细化，越来越多的非银行机构借助互联网、智能手机等信息技术载体广泛参与支付业务。我们称这些专业化的支付服务机构为非银行支付机构。非银行支付机构是支付体系的重要补充，是零售支付的积极力量。

支付机构在发展过程中，表现出三个较为突出的特点。一是借助互联网技术和平台提供更为广泛、更为多元并具备成本优势的支付服务，具有显著的长尾效应。二是促进了支付服务市场的竞争，提高了行业整体效率，带动了全行业产品和模式上创新，扩展了支付服务市场的深度和广度。三是具有显著的互联网基因，更注重产品创新、客户体验和市场占有率的提升。

第三节　支付基础设施运营者：清算组织

我们要介绍的这类机构是为银行和支付机构提供清算服务的后台组织，它们主要负责跨法人之间交易转接和资金清算等服务。

1. 中国人民银行清算总中心

中国人民银行清算总中心成立于 1990 年 5 月 9 日，至此开启了我国异地跨行资金汇划电子化时代。

清算总中心是中国人民银行组织指导下，负责中国人民银行支付清算系统建设、运行、维护和管理的服务组织。目前，清算总中心负责、运行包括大额实时支付系统（HVPS）、小额批量支付系统（BEPS）、网上支付跨行清算系统（IBPS）、境内外币支付系统（CFXPS）在内的重要金融基础设施，是国家和社会资金流动的大动脉。其中，大额实时支付系统于 2002 年上线运行；小额批量支付系统于 2005 年上线运行；境内外币支付系统于 2008 年上线运行；网上支付跨行清算系统于 2010 年上线运行。2013 年，完成了二代支付系统建设上线工作。

2. 中国银联股份有限公司

2002 年 3 月，经国务院批准，人民银行组织各银行机构，在合并原有银行卡信息交换中心的基础上，成立了中国银联股份有限公司（以下简称"中国银联"），支持其建立银行卡交易处理和资金清算系统，授权其指定相关业务规范和技术标准，树立"银联"银行卡品牌。

中国银联是专门从事银行卡清算业务的机构，其通过制定银行卡清算标准和规则、运营银行卡清算业务系统、授权发行和受理其品牌的银行卡，为发卡机构和收单机构提供其品牌银行卡的机构间交易处理服务，并协助完成资金清算。

如果曾在 2002 年以前使用过银行卡的朋友，相信都曾遇到过商户、超市乃至酒店柜台，摆放着不同银行的多个 POS 机的情景。那时候，工行的卡不能在建行的 POS 机上使用，甚至同一家银行的卡在跨地区时也无法使用，社会公众的支付需求难以得到有效满足，银行卡应用的普及十分缓慢。为了解决不同银行之间的卡片和终端标准不一、银行卡受理终端重复布放的问题，1993 年，我国启动了"金卡工程"，推动银行卡联网联合。但至 2001 年底，仅实现 18 个城市银行卡跨银行、跨地区使用。2002 年中国银联成立以后，联合银行业金融机构大力推动银行卡全国联网通用，我国银行卡产业"规则联合制定、业务联合推广、市场联合拓展、秩序联合规范、风险联合防范"的新体制正式形成，进入到我们现在熟悉的"联网通用"时代，即只要加入银联网络，任一家银行的银行卡和 POS 机都可互相通用。

随着我国金融市场的逐步开放，人民银行已批准运通、万事达等境外机构进入我国银行卡清算市场。

3. 网联清算有限公司

2017 年 8 月，在中国人民银行的指导下，由中国支付清算协会按照市场化方式组织非银行支付机构以"共建、共有、共享"原则共同参股出资，成立了网联清算有限公司。

网联清算有限公司成立以前，支付机构普遍在商业银行多头开户，通过在各商业银行开立的备付金账户办理跨行资金清算，变相行使跨行清算职能。这种直连行为使得网络支付跨行交易绕过合法的清算系统，游离于监管范围以外，增加了我国金融体系的风险。根据国务院办公厅印发《互联网金融风险专项整治工作实施方案》要求，人民银行要求非银行支付机构终止直连银行的业务模式，相关业务通过专业化清算机构处理，网联公司就是在这一背景下成立的。

网联清算有限公司运行的清算系统，主要处理非银行支付机构与银行间的网络支付业务，服务于银行业金融机构和非银行支付机构及商业银行一点接入，提供公共、安全、高效、经济的交易信息转接和资金清算服务，组织制定网络支付清算业务的统一标准规范，提供争议解决、信息传输、认证和查询等配套服务。

4. 城银清算服务有限责任公司

20 世纪 90 年代，随着城市商业银行的不断发展壮大，各地城市商业银行独立法人跨地域资金清算不畅的问题越来越受到人民银行的重视。1996 年，由上海银行发起并牵头，联络北京、南京、深圳共 4 家城商行共同倡议，邀请全国 24 家城商行在上海发起组建了城市商业银行清算中心筹备组，并推出异地清算工具——"特约汇款证"。2002 年，城商行资金清算中心在上海成立。2018 年，为进一步拓宽国内支付清算渠道，增强支付清算服务能力，其改制为城银清算服务有限责任公司。

长期以来，城银清算以适应中小银行需求为发展目标，不断开发特色产品和特色服务，在畅通中小金融机构异地清结算汇路方面发挥着积极作用。目前，城银清算的业务主要包括支付清算系统业务、城商行汇票系统业务、网上银行托管系统服务、票据交易系统服务、一点接入网联平台服务、集中接入上海票据交易所系统服务等。

5. 农信银资金清算中心

2005 年 11 月，经人民银行批准，全国 30 家省级农村信用社、农村商业银行和深圳农村商业银行共同出资，筹建农信银资金清算中心，为全国农村中小金融机构提供资金清算服务。2006 年 4 月，农信银资金清算中心正式成立。

农信银资金清算中心的前身为 1996 年 8 月开始筹建、1997 年 2 月开通全国农村信用社特约电子汇兑资金清算业务的"北京市农村信用合作社营业部全国农村信用社特约电子汇兑资金清算服务中心"。农信银资金清算中心的成立，进一步改善了农村金融机构的支付结算环境，畅通了汇路，切实提高了广大农村金融机构支付结算服务水平。

农信银资金清算中心开发建设了农信银支付清算系统和其他共享服务平台，主要面向全国农村信用社、农村商业银行、农村合作银行，办理全国农村金融机构实时电子汇兑业务、银行汇票业务的异地资金清算和个人存款账户通存通兑业务的资金清算等业务，为深耕农村支付清算市场，助力乡村经济振兴发挥了积极作用。

其中，农信银支付清算系统支持成员单位通过营业网点柜面渠道以及自助终端、网上银行、手机银行、电话银行等电子渠道发起支付业务；共享电子商业汇票系统有效满足了农村金融机构开展电子商业汇票、纸质商业汇票登记查询和商业汇票公开报价等业务需要；共享网上银行系统、共享手机银行系统和共享网上支付跨行清算系统能够支持农村中小金融机构接入人民银行网上支付跨行清算系统，开展个人网银、企业网银、手机银行等业务；农信通自助金融服务系统能够支持农村金融机构为个体工商户、便民服务点和小微企业提供消费收款、转账付款、查询、银行卡助农取款等自助金融业务。

6. 跨境银行间支付清算有限责任公司

跨境银行间支付清算有限责任公司是人民币跨境支付系统（Cross – Border Interbank Payment System，CIPS）的运营机构，于 2015 年 7 月 31 日在上海正式成立。

跨境银行间支付清算有限责任公司全面负责 CIPS 的系统运营维护、参与者服务、业务拓展等方面的工作，为境内外金融机构和中国人民银行允许的其他机构提供人民币跨境支付清算服务、数据处理服务、信息技术服务和投资人委托的其他相关业务，以及经中国人民银行批准的其他业务和服务。

2015 年 7 月 31 日，跨境银行间支付清算（上海）有限责任公司在上海市注册成立。2015 年 10 月 8 日，人民币跨境支付系统成功投产。2017 年 10 月 CIPS（二期）双边业务功能顺利上线，为债券通资金结算提供 DVP 结算模式。2020 年 4 月，公司名称由"跨境银行间支付清算（上海）有限责任公司"变更为"跨境银行间支付清算有限责任公司"。

知识拓展 3：支付产业链上、下游企业

支付产业有很多上下游企业围绕支付业务来提供专业性的服务。以我们日常使用的移动支付为例，提供服务的主体包括，手机、POS 机等终端设备的生产商，对终端设备、支付系统的认证机构，负责网络传输的移动网络运营商，还有提供支付服务的付款人银行、支付机构和收款人银行，以及负责转接清算服务的清算组织和负责结算的零售支付系统。在支付体系中，较为重要的产业上下游企业包括受理终端厂商、支付业务 IT 服务商、收单外包服务商、支付产品检测认证机构等，我们来看一看，这些机构是如何在推动支付业务创新发展、保障支付体系高效稳定运行等方面发挥重要作用的。

1. 支付外包服务商

我国非银行支付机构起源于为商业银行提供支付相关的外包服务，后来随着支付机构的发展壮大与产业分工的细化，出现了一系列为支付机构提供各类专业化服务的外包机构，其中最主要的是收单外包服务机构。在银行卡收单过程中，有很多耗时、费力、烦琐的工作，有些收单机构就将拓展商户、布放台牌、配送耗材、配送扫码枪、配送小白盒等原本属于收单机构自身的业务进行了外包，负责这些外包工作的机构即为收单外包服务机构。随着业务的拓展和市场需求的不断变化，这些专业外包服务商的服务边界逐渐模糊，业务范围也向聚合支付、互联网金融、行业解决方案等多领域延伸。收单机构作为持牌机构，需要对其外包服务商进行管理，同时不得将核心业务进行外包。

2. 支付业务受理终端厂商

在线下支付过程中，不论是刷银行卡还是扫二维码进行付款，我们都需要一个 POS 机或者扫码盒子之类的硬件来受理我们的支付工具。我们进行转账，可以通过 ATM。这些终端都是由专业的厂商来提供。由于受理终端涉及交易信息的传输，其中大量信息涉及个人隐私和金融数据，其安全性和稳定性会影响支付业务的安全和效率。因此，支付终端的生产要依据相关的技术标准，需要通过专门的检测和认证。

在线下支付以银行卡支付为主的时代，作为银行卡产业链的一部分，银行卡受理终端厂商已与收单机构、清算组织形成相对成熟的分工与合作模式。随着支付工具的快速创新迭代，尤其是二维码支付、刷脸支付等在线下的普及应用以来，大量生产扫码支付终端、刷脸支付终端的厂商也成为支付产业链的重要一环。

3. 支付业务 IT 服务商

随着移动互联网、人工智能、大数据、云计算等技术与支付业务深度融合，商业银行、非银行支付机构纷纷将数字化转型提升到战略高度。支付服务主体对 IT 服务的需求不断增长。IT 服务商中，金融板块的业务占比在提升。一些综合性的 IT 服务商对中小银行业务互联网化和系统技术改造等领域十分看好。一些人工智能、大数据以及区块链等金融科技服务商也纷纷进入支付领域。

支付业务 IT 服务包括核心业务系统、资金清算对账系统、POS 前置系统、商户管理系统、可疑交易监测系统、反洗钱系统、反欺诈系统等系统的设计、建设、运维及托管服务。各类支付业务信息系统之间差异较大，不同支付服务主体对于同一类业务系统也存在大量个性化需求，且支付业务系统涉及大量重要且敏感个人信息的存储、传输和处理。

IT 服务商与支付服务主体的合作方式主要有两类，一类是提供产品或解决方案，包括业务咨询、系统建设、后期运维升级等，另一类是向中小银行提供支付系统的托管、运维服务。

4. 支付检测认证机构

检测和认证是全世界范围公认有效、在用的落实标准手段。这一类机构主要是对支付终端和信息服务系统提供检测和认证服务。检测机构负责检测相关产品是否符合相关标准，认证机构负责评定和证明产品、服务、管理体系等符合相关技术规范的强制性要求或标准。检测认证机构能够帮助支付服务主体便捷地了解他们采购的硬件或者软件是否符合国家的相关安全标准，对于提升支付行业的安全水平十分重要。

📖 读书笔记

1. 中国人民银行是我国支付体系的监管者、组织者和支付基础设施的重要建设者、运营者，也是支付清算服务组织体系的核心。

2. 在我国支付服务机构中，银行业金融机构是提供支付服务的主体。

3. 非银行支付机构借助互联网技术和平台提供更为广泛、更为多元以及成本更低的金融服务，促进了支付服务市场的竞争，提高了行业整体效率，是支付体系的重要补充。

4. 清算组织是支付基础设施的重要组织和运营机构，主要面向其成员单位提供跨法人之间支付业务的转接清算等服务。

5. 在支付体系中，较为重要的产业上下游企业包括受理终端厂商、支付业务IT服务商、收单外包服务商、支付产品检测认证机构等，它们对推动支付业务创新发展、保障支付体系高效稳定运行具有重要作用。

第三章　账户——支付"入口"

当我们带着现金购物消费的时候，习惯于把现金放在一个钱包里，钱包里的现金天然属于钱包的主人，同时也反映了当前钱包主人的资金状况。各种金融账户同样也具有类似的特点，相当于"电子化的钱包"，能够存储电子货币。

各类经济主体，参与经济活动，进行资金收付，使用各种非现金支付工具的时候，都离不开账户的支持和参与。支付作为资金转移过程，必然伴随着资金代表物权的"出账"和"入账"，账户是支付结算等社会资金活动的起点和终点。从这个意义上来说，金融账户是金融体系的基础和服务支撑，所有的资金流转和财富的货币化寄存以及个人属性的信息都需要依托金融账户进行。因此，对账户的合理设置、高效利用、有效监管，是各国支付管理的重要基础。

作为消费者，我们最常接触的是商业银行账户和支付账户，开立这两类账户也是享受移动支付、网络支付、银行卡支付等各类非现金支付方式的前提。

第一节　银行账户——金融服务的基础

1. 什么是银行账户

银行账户是银行为存款人开立的用于办理人民币及外币存款、贷款和资金收付结算等活动的账户。银行账户是企事业单位和居民个人日常经济活动的重要基础。目前，我国共开立银行账户已经超过 100 亿户，并保持稳定增长。这说明我们对于金融和支付服务的需求在不断增长。我们将重点介绍个人银行结算账户和单位银行结算账户。

2. 身边的账户——个人银行结算账户

个人银行结算账户是指以自然人名义在银行开立的账户，主要用于办理个人转账收付和现金存取。

（1）个人银行账户实名制

21世纪以前，我国实行记名储蓄制度。开户不需要用真名，也不需要出示身份证。2000年，国务院出台《个人存款账户实名制规定》，明确提出开立账户的实名制要求。2006年，《反洗钱法》第一次以国家法律形式正式、全面地确立银行账户实名制。按照监管部门的要求，银行于2013年完成了针对个人银行账户的联网核查，个人银行账户基本实现了实名制。

账户实名制，就是要求客户用真实身份开立和使用各类账户。在金融机构开设账户需要验证客户身份，落实客户身份验证的条件主要有三个：

一是本人意愿的真实体现，主要包含两层意思，一个是本人同意开户；另外一个是账户实际控制人是本人。

二是与本人合法身份证件上的名称一致，即要求账户名称必须与本人身份证件上记载的名称保持一致，直观地反映账户和资金归属。

三是身份证件是真实的。即本人的身份证件必须是国家规定的有效类别，在有效期内，记载信息必须准确，同时身份证件必须是真实的。

📖 **知识拓展4：开立账户必须要知道的实名制规定**

2015年12月25日，人民银行发布了《中国人民银行关于改进个人银行账户服务加强账户管理的通知》（银发〔2015〕392号）中规定：

银行业金融机构（以下简称银行）为开户申请人开立个人银行账户时，应核验其身份信息，对开户申请人提供身份证件的有效性、开户申请人与身份证件的一致性和开户申请人开户意愿进行核实，不得为身份不明的开户申请人开立银行账户并提供服务，不得开立匿名或假名银行账户。

（一）审核身份证件。银行为开户申请人开立个人银行账户时，应要求其提供本人有效身份证件，并对身份证件的真实性、有效性和合规性进行认真审查。银行通过有效身份证件仍无法准确判断开户申请人身份的，应要求其出具辅助身份证明材料。

有效身份证件包括：

1. 在中华人民共和国境内已登记常住户口的中国公民为居民身份证；不满十六周岁的，可以使用居民身份证或户口簿。

2. 香港、澳门特别行政区居民为港澳居民往来内地通行证。

3. 台湾地区居民为台湾居民来往大陆通行证。

4. 定居国外的中国公民为中国护照。

5. 外国公民为护照或者外国人永久居留证（外国边民，按照边贸结算的有关规定办理）。

6. 法律、行政法规规定的其他身份证明文件。

辅助身份证明材料包括但不限于：

1. 中国公民为户口簿、护照、机动车驾驶证、居住证、社会保障卡、军人和武装警察身份证件、公安机关出具的户籍证明、工作证。

2. 香港、澳门特别行政区居民为香港、澳门特别行政区居民身份证。

3. 台湾地区居民为在台湾居住的有效身份证明。

4. 定居国外的中国公民为定居国外的证明文件。

5. 外国公民为外国居民身份证、使领馆人员身份证件或者机动车驾驶证等其他带有照片的身份证件。

6. 完税证明、水电煤缴费单等税费凭证。

军人、武装警察尚未领取居民身份证的，除出具军人和武装警察身份证件外，还应出具军人保障卡或所在单位开具的尚未领取居民身份证的证明材料。

（二）核验身份信息。银行可利用政府部门数据库、本银行数据库、商业化数据库、其他银行账户信息等，采取多种手段对开户申请人身份信息进行多重交叉验证，全方位构建安全可靠的身份信息核验机制。

提供个人银行账户开立服务时，有条件的银行可探索将生物特征识别技术和其他安全有效的技术手段作为核验开户申请人身份信息的辅助手段。

（三）留存身份信息。成功开立个人银行账户的，银行应登记存款人的基本信息、与存款人身份信息核验有关的身份证明文件信息、完整的身份信息核验记录，留存存款人身份证件、辅助身份证明文件的复印件或者影印件、以电子方式存储的身份信息，有条件的可留存开户过程的音频或视频等。

银行在确保分支机构能够及时获得相关存款人身份信息的前提下，可以将分支机构登记的存款人身份信息集中管理。

（四）停用或注销银行账户。银行发现或者收到被冒用身份的个人声明，并确认该银行账户为假名或虚假代理开户的，应立即停止相关个人银行账户的使用；在征得被冒用人或被代理人同意后予以销户，账户资金列入久悬未取专户管理。

（2）个人银行账户分类

为保证账户资金安全，我国个人银行账户分三类实施管理。同时，同一人在同一家银行只能开立一个 I 类账户，已经开立 I 类户的，再新开账户只能开立 II 类户或 III 类户。

账户分类有助于减少持卡人的闲置账户，遏制犯罪分子冒用、盗用他人账户转账的违法行为；II 类、III 类账户设置了转账限额，可以有效控制资金被盗的损失。

Ⅰ类账户就是大家过去最常用的银行账户。它是客户的全功能账户，可办理存款、购买理财产品、转账、消费和缴费支付、支取现金等业务，办理业务时没有金额限制，因此是客户的"金库"账户。常见的借记卡对应的银行账户就属于Ⅰ类账户，需要携带身份证到银行办理，由银行工作人员面对面审核。

Ⅱ类、Ⅲ类账户是在已有Ⅰ类账户基础上增设的两类账户，最显著的优势是不需要去柜台办理，可以直接在线上远程开立。同一银行为同一个人开立Ⅱ类、Ⅲ类户的数量原则上分别不得超过 5 个。

Ⅱ类账户可办理存款、购买理财产品、限定金额的消费和缴费支付等。与Ⅰ类账户的区别在于支取现金、消费和缴费单日最高额度不超过10000 元，年累计限额 20 万元。Ⅱ类账户的定位是个人"钱袋子"账户，可以绑定本人的本行或他行Ⅰ类账户，从Ⅰ类账户转入资金后进行投资理财，购买投资理财产品没有金额限制。

Ⅲ类账户则是一个更为纯粹的"零钱包"，不能支取现金用于限定金额的消费和缴费支付，主要用于快捷支付和小额支付，和大额资金分开存放，可有效防范诈骗和支付风险。Ⅲ类账户余额不得超过 2000 元，年累计限额为 5 万元，不能存取现金，银行可以向Ⅲ类账户发放本行小额消费贷款资金并通过Ⅲ类户还款，但不得透支。

表3.1　Ⅰ类、Ⅱ类、Ⅲ类银行账户比较

	Ⅰ类账户	Ⅱ类账户	Ⅲ类账户
主要功能	全功能账户	可办理存款、购买理财产品、限定金额的消费和缴费支付等	不能支取现金；用于限定金额的消费和缴费支付
账户余额	无限制	无限制	不超过 2000 元
使用限额	无限额	日累计限额 1 万元；年累计限额 20 万元	日累计限额 2000 元；年累计限额 5 万元
账户形式	借记卡及储蓄存折	电子账户（也可配发实体卡）	电子账户

（3）个人银行账户的开立

客户开立Ⅰ类银行账户，须出示个人身份证件，若为他人代办，则同时需要开户人本人及代办人的身份证件。

早些年，客户开立银行账户必须到银行柜台办理，需经过排队取号、填写表单资料、柜台确认等烦琐的步骤，客户还必须要通过柜台当面签署相关协议。后来，一些银行网点出现了远程视频柜员机及智能柜员机，客户可直接在终端机具上提交申请，银行工作人员现场核验开户申请人身份信息后便可为其开立账户，免去了排队的烦恼。

2015年人民银行发布的《中国人民银行关于改进个人银行账户服务加强账户管理的通知》（银发〔2015〕392号）中规定：

一是客户开立Ⅰ类账户须通过银行柜面、远程视频柜员机或智能柜员机等自助机具提交开户申请，经过银行工作人员现场核验开户申请人身份信息后才能开通。

二是如需开立Ⅱ类、Ⅲ类账户，则可以通过柜面、远程视频柜员机或智能柜员机等自助机具及电子渠道（网上银行、手机银行等）等多种方式提交开户申请，无须现场核查环节。

📖 知识拓展5：远程开立账户的探索和实践

根据《关于改进个人银行账户分类管理有关事项的通知》（银发〔2018〕16号），所有银行应在2018年12月底前实现在本银行柜面和网上银行、手机银行、直销银行、远程视频柜员机、智能柜员机等电子渠道办理个人Ⅱ类、Ⅲ类户开立等业务。

对于已在银行开立Ⅰ类账户，且已开通数字证书或电子签名等可靠验证方式的客户，如需绑定本人本银行Ⅰ类银行结算账户或者信用卡账户开立Ⅱ类、Ⅲ类户的，可通过可靠验证方式登录并开立Ⅱ类、Ⅲ类户，个人身份资料或信息未发生变化的，开立Ⅱ类、Ⅲ类户时无须个人填写身份信息、出示身份证件等。

而对于在该银行未开立Ⅰ类账户，或未开通数字证书或电子签名等可靠验证方式的客户，如需通过电子渠道开立Ⅱ类、Ⅲ类户，则需通过远程方式进行身份认证。

远程开户系统集合了人脸识别、视频检测、手机验证等技术，从多个方面确保人证一致。远程开户同样需要开户人提供真实的身份证件以及其他基本信息，系统可自动识别并填写对应信息，而无须手动录入，避免了录入过程中有可能出现的信息填写错误情况的发生。为加强远程开户的安全性能，系统通过人脸识别技术与动态检测技术采集开户人的实时动态图像，并且将其与证件照片进行比对，判断是否为同一人。视频对讲功能的应用让远程开户实现了线上"面对面"认证。联网核查与短信验证的多方位的认证给予用户与银行强有力的安全保障。

（4）个人银行账户的收费

部分银行对个人银行账户会收取年费或小额账户管理费。年费指每年固定收取的费用，一年收取一次，银行直接从账户中扣划。小额账户管理费是银行针对日均余额低于一定数额的账户每月收取一定数额的账户管理费。各家银行收取的标准不同。

2017年6月30日，国家发展改革委和银监会联合下发的《关于取消和暂停商业银行部分基础金融服务收费的通知》规定，自2017年8月1日起，根据客户申请，银行应对其指定的一个本行账户（不含信用卡、贵宾账户）免收年费和账户管理费（含小额账户管理费）。客户未申请的，银行应主动对其在本行开立的唯一账户（不含信用卡、贵宾账户）免收年费和账户管理费。

需要注意的是，对于年费和小额账户管理费的取消，每人仅限一个账户，超过一个账户的部分，银行会继续收取年费和小额账户管理费。

按照规定，每人在每家银行只能开立一个Ⅰ类账户，但由于历史原因，存量Ⅰ类账户数目众多，一些在同一家银行拥有数个Ⅰ类账户的客户有可能被收取相关费用。客户根据需要可通过在不同银行开立账户的方式来减少相关费用支出。

（5）使用个人银行账户需要注意什么

由于Ⅰ类、Ⅱ类、Ⅲ类账户具有不同的功能和权限，分类使用不同的账户可有效防范和控制风险。考虑到Ⅱ类、Ⅲ类账户本身有资金使用的额度限制，日常消费中，客户可以提高Ⅱ类、Ⅲ类账户的使用频率，即使发生风险，也可以将资金损失控制在较低水平。作为消费者，如何安全使用个人银行账户呢？

保管好Ⅰ类账户的银行卡。 Ⅰ类账户主要用于大额消费、大额资金转移、储蓄存款及投资理财，属于全功能、无限额类账户。Ⅰ类账户一旦被盗，资金损失可能会比较大，因此，消费者要保管好Ⅰ类账户配发的银行卡。

有效设置和保管好支付密码。 支付密码相当于大门的钥匙，要小心保管，防止密码信息泄露。同时，不要将支付密码设置为111111、123456等简单的数字组合，也不要设置成生日、手机号、门牌号、身份证件号码等，避免密码被轻易破解。

开通账户余额变动信息通知功能。 绝大多数账户都有存取款、支付业务的短信或微信通知功能，开通此功能后可以第一时间监控账户资金变动情况。一旦出现账户被盗，消费者可以根据通知及时发现，并第一时间采取措施减少损失。

设置账户的消费限额。 消费者可通过设置账户每日消费次数和每次消费限额。这样即使账户被盗，也可以通过限额，防止损失扩大，提高账户的安全性。

⚠ 风险提示2：出租、出借、出售及购买银行账户是违法行为

生活中，一些犯罪分子为逃避公安部门的打击和资金追查，会通过网络等渠道购买他人的银行账户，或借用他人身份证去开立银行账户。我们需要注意的是，出租、出借、出售及购买银行账户是严重的违法行为。

《中国人民银行关于进一步加强支付结算管理 防范电信网络新型违法犯罪有关事项的通知》（银发〔2019〕85 号，以下简称《通知》）中规定，自 2019 年 6 月 1 日起，银行和支付机构为客户开立账户时，应当在开户申请书、服务协议或开户申请信息填写界面醒目告知客户出租、出借、出售、购买账户的相关法律责任和惩戒措施，并载明以下语句："本人（单位）充分了解并清楚知晓出租、出借、出售、购买账户的相关法律责任和惩戒措施，承诺依法依规开立和使用本人（单位）账户"，由客户确认。

《通知》还规定，自 2019 年 4 月 1 日起，银行和支付机构对经设区的市级及以上公安机关认定的出租、出借、出售、购买银行账户（含银行卡）或者支付账户的单位和个人及相关组织者，假冒他人身份证或者虚构代理关系开立银行账户或者支付账户的个人和单位，5 年内暂停其银行账户非柜面业务、支付账户所有业务，并不得为其新开立账户。惩戒期满后，受惩戒的单位和个人办理新开立账户业务的，银行和支付机构应加大审核力度。人民银行将上述单位和个人信息移送金融信用信息基础数据库并向社会公布。

出租出借自己的银行账户可能涉嫌犯罪。据报道，一位 90 后浙江小伙，帮老板开车一年多，银行卡里打进来的钱，累计高达一亿多元，他明知这些钱是公司从事放贷的资金，是从公司的 P2P 业务平台转来的，仍放任自己的银行卡被公司使用，接收公司从 P2P 第三方支付平台转入资金，并在公司控制的各个账户之间转账，在公司用 P2P 平台集资诈骗的案件中，他因高达亿元的洗钱案而被提起公诉。

所以，为了自己账户安全，一定不要出租、出借、出售及购买银行账户，并且一定要保管好自己的身份证件哦！

3. 对公账户——单位银行结算账户

单位银行结算账户是指以法人、其他组织（以下统称单位）名义开立的银行结算账户。按照用途不同，可具体划分为基本存款账户、一般存款账户、专用存款账户和临时存款账户。

基本存款账户是单位因办理日常转账结算和现金收付需要开立的银行结算账户。基本存款账户（基本户）是经营所必需的，是办理转账结算和现金收付的主办账户。企业只能在银行开立一个基本户，是开立其他银行结算账户的前提。

一般存款账户是单位因借款或其他结算需要，在基本存款账户开户银行以外的银行营业机构开立的银行结算账户。

专用存款账户是单位按照法律、行政法规和规章，对其特定用途资金进行专项管理和使用而开立的银行结算账户。

临时存款账户是单位因临时需要并在规定期限内使用而开立的银行结算账户。

📘 知识拓展 6：人民银行取消企业银行账户许可

以前，在我国企业开立银行基本账户和临时账户采用核准制。任何需要办理基本存款账户的单位，首先需要申请"银行开户许可证"。"银行开户许可证"申请的程序较为烦琐，完成整个申请流程时间较长。

为激发市场活力，助力民营和小微企业高质量发展，自 2018 年 6 月 11 日起，中国人民银行在江苏省泰州市、浙江省台州市开展了取消企业银行账户许可试点，企业开立基本存款账户由核准制度调整为备案制度，银行按规定审核企业身份等信息后，对符合条件的企业将实行面签，银行为企业开立基本存款账户后，可直接将基本存款账户编号、存款人密码交付企业，事后再报备当地人民银行。

2019 年 2 月 12 日，中国人民银行在发布的《关于取消企业银行账户许可的通知》（银发〔2019〕41 号）中明确，自 2 月 25 日起，取消企业银行账户许可地区范围由江苏省泰州市、浙江省台州市扩大至江苏省、浙江省。其他各省（区、市）、深圳市在2019年底前完成取消企业银行账户许可工作。按照规定，境内依法设立的企业法人、非法人企业、个体工商户等在银行办理基本存款账户、临时存款账户的，由核准制改为备案制，人民银行不再核发开户许可证。机关、事业单位、社会团体等其他单位开立银行存款账户仍然执行原有规定。

取消企业银行账户许可大大节省企业的时间及资金。以前规定的开立账户后3个工作日后才可办理收付款业务也改为了账户开立当天即可办理，提高了企业账户的使用效率。

取消企业银行账户许可是深入贯彻落实党的十九大精神和党中央、国务院"放管服"改革要求的重大举措，是优化企业银行账户服务，支持企业尤其是民营企业、小微企业发展，服务实体经济的重要体现。

第二节　支付账户——更具互联网属性

1. 你电子钱包里的支付账户

支付账户是指获得互联网支付业务许可的支付机构，根据客户的真实意愿为其开立的，用于记录预付交易资金余额、客户凭此发起支付指令、反映交易明细信息的电子簿记。支付机构可以为个人或机构客户开立支付账户，但不得为金融机构，以及从事信贷、融资、理财、担保、信托、货币兑换等金融业务的其他机构开立支付账户。根据开立账户主体的不同，支付账户可以分为单位支付账户和个人支付账户。

（1）单位支付账户

单位支付账户是支付机构为法人、其他组织或个体工商户开立的账户，主要用于电子商务的收付款结算。支付机构为单位客户开立支付账户时，既可以自主或委托合作机构面对面核实客户身份，也可以通过至少三个外部渠道远程交叉验证客户身份。单位支付账户的作用更多体现在电子商务中的资金过渡，单位客户通常会将资金最终存放于银行账户中。尽管如此，监管部门依然对单位支付账户的开户审核、实名制核实和风险管理等方面有明确的规定，以保障客户合法权益，防范不法分子开立通过匿名或假名单位账户从事洗钱、欺诈、套现、恐怖融资等非法活动。

（2）个人支付账户

个人支付账户是支付机构为个人开立的账户，分为三类（见表3.2）。其中，Ⅰ类账户只需要一个外部渠道验证客户身份信息（例如联网核查居民身份证信息），账户余额可以用于消费和转账，主要适用于客户小额、临时性支付，身份验证简单快捷。为兼顾便捷性和安全性，Ⅰ类账户的交易限额相对较低。客户可以通过强化身份验证，将Ⅰ类账户升级为Ⅱ类或Ⅲ类账户，提高交易限额。

Ⅱ类和Ⅲ类账户的客户实名验证强度相对较高，能够在一定程度上防范假名、匿名支付账户问题，防止不法分子冒用他人身份开立支付账户并实施犯罪行为，因此，这两类支付账户具有较高的交易限额。鉴于投资理财业务的风险等级较高，《非银行支付机构网络支付业务管理办法》规定，仅实名验证强度最高的Ⅲ类账户可以使用余额购买投资理财等金融类产品，以保障客户资金安全。

需注意的是，上述分类方式及付款功能、交易限额管理措施仅针对支付账户，客户使用银行账户付款（例如银行网关支付、银行卡快捷支付等）并不受上述功能和限额的约束。

表3.2　个人支付账户分类表

账户类别	余额付款功能	余额付款限额	身份核实方式
Ⅰ类账户	消费、转账	自账户开立起累计1000元	以非面对面方式，通过至少一个外部渠道验证身份
Ⅱ类账户	消费、转账	年累计10万元	面对面验证身份，或以非面对面方式，通过至少三个外部渠道验证身份
Ⅲ类账户	消费、转账、投资理财	年累计20万元	面对面验证身份，或以非面对面方式，通过至少五个外部渠道验证身份

2. 支付账户的功能与特点

支付账户最初是支付机构为方便客户网上支付和解决电子商务交易中买卖双方信任度不高而开立的。买家和卖家在同一家支付机构开设用于网络支付的资金账户，该账户可与银行账户绑定，或通过银行账户充值。使用支付账户的转账过程与银行账户类似，当买方选购商品后，支付机构借记买家账户、贷记卖家账户就可完成支付。如果是绑定银行卡方式，则通过支付机构与清算机构的接口上送交易信息，由清算机构将买家银行账户内资金划转至支付机构在人民银行开立的账户，支付机构确认收到资金后，通知卖家并最终将货款转到卖家的账户里。支付账户模式也可以与担保模式结合，当买家确认收到货物后通过支付机构付款给卖家。

发展到今天，支付账户的作用早已不局限于担保交易。依托支付账户，用户可以使用便民生活（信用卡还款、生活缴费、医疗健康等）、财富管理（信贷、基金、保险等）、资金往来（转账、红包等）、购物娱乐（出境游、海淘等）、教育公益（校园生活、爱心捐赠等）以及众多第三方服务（购票、出行等）。可以说，支付账户正在发展为全能型的综合服务账户，日常生活中与支付相关的需求几乎都可以通过支付账户满足。

需要注意的是，支付账户虽然在名称、功能、转账流程方面与银行账户非常相似，但是与银行账户有明显不同。

一是提供账户服务的主体不同。支付账户由支付机构为客户开立。作为与银行的本质区别，支付机构不能吸收存款，因此支付账户内的资金不属于存款，不支付利息。银行账户由银行业金融机构为客户开立，既是结算账户也是存款账户，账户资金属于客户的存款，除用于支付结算外，还具有保值、增值（计息）等功能。

二是账户资金余额的性质和保障机制不同。支付账户余额的本质是预收待付价值，类似于预付费卡中的余额，该余额资金虽然所有权归属于客户却未以客户本人名义存放，而是支付机构以其自身名义存放在人民银行备付金账户中，支付机构需根据客户发起的支付指令调拨资金。相比此前在商业银行开立备付金账户，将备付金集中存管于人民银行有效纠正和避免了支付机构挪用、占用客户备付金等违规行为，保障了客户资金安全。

银行账户内存款受《存款保险条例》保护，代表银行对客户的负债，在银行破产清算的情况下，客户依然可以获得限额以内的偿付。

📘 知识拓展7："跑分"平台与网络赌博——出借收款码的危害

随着支付账户交易的普及以及收款码这一载体的广泛应用，不仅普通用户的支付便利水平得到极大提升，从事"黑/灰"产业的不法分子也借势"创新"了收款、洗钱等环节的手段。"跑分"就是近年来较流行的用来转移赃款、流转资金的非法手段之一。

所谓"跑分"，就是一些非法网络支付平台利用参与者收款二维码进行收款，并承诺给予佣金奖励。参与者提供收款二维码给非法网络支付平台的同时也给非法网络支付平台缴纳一定的保证金。非法网络支付平台利用这些收款二维码进行收款。每当用户收到一笔款项时，对应缴纳的保证金就会相应减少，由此来完成一进一出的"跑分"行为，同时用户会得到一定比例的佣金（见图3.1）。不难发现，"跑分"实际上就

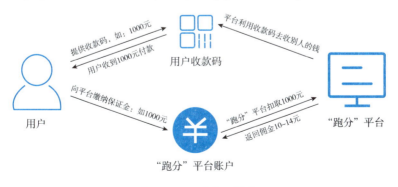

图 3.1　"跑分"模式

是非法网络支付平台利用他人二维码收钱。"跑分"平台为什么要这么做呢？其实，"跑分"的根本目的是利用正常用户的支付账户进行洗钱，为"黑/灰"产团伙（赌博、色情欺诈等团伙）规避打击提供便利。比如，网络博彩公司自身的收款账户很容易被查被封，为了降低风险和逃避打击，寻找一些代理，许诺佣金奖励，然后将"跑分"平台包装成所谓"网赚项目"。之后就利用参与者收款二维码去协助收款，其本质就是帮赌博团伙洗钱。

根据公安部门破获的"跑分"违法案件显示，"跑分"平台团伙形成了"赌客—平台会员—跑分平台—境外赌博网站"的资金流转闭环路径，每月涉案资金高达 2 亿元人民币。当赌客登录境外赌博网站并需充值赌资时，境外赌博网站会将充值信息推送至"跑分"平台，"跑分"平台会采取类似网约车抢单机制，在平台上发布资金流转订单，"跑分"平台的注册会员可以抢单。当会员成功抢单后，赌客将赌资转账至会员，会员将赌资转账至境外赌博网站。境外赌博网站以每笔资金的 2.5% ~ 2.8% 为佣金，返还给"跑分"平台，"跑分"平台再以 1% ~2% 的佣金返还给平台注册会员，最终"跑分"平台通过赚取佣金差价进行牟利。"跑分"平台与其上下游构成了完整的产业链条（见图 3.2）。

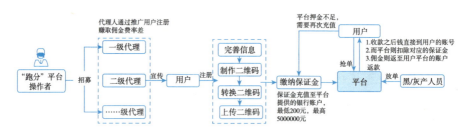

图 3.2 "跑分"产业链条

"跑分"行为可能使参与者面临多重风险。一是泄露个人隐私。参与者需到"跑分"平台代理商开立后台，缴纳一定代理费。注册完善信息，要求实名、绑卡、上传收款码等，个人信息容易泄露。这些个人信息一旦被不法分子收集利用，后果不堪设想，不仅可能被推销电话、诈骗电话、垃圾邮件骚扰，甚至可能面临账户密码被盗，甚至仿冒用户的身份进行贷款。二是资金安全无法保障。"跑分"平台要求缴纳保证金才能参与，保证金充值至平台提供的银行账户，如果不返还或出现其他争议，会存在资金损失风险。由于"跑分"的前提是缴纳押金、保证金，高额的押金让"跑分"成为高风险的活动。对方不仅是陌生人，还可能是想"空手套白狼"的代理，或是"黑/灰"产业的从业人员。因此，一旦遇到不靠谱的上家，这钱就很可能打水漂。三是违反相关法律。由于参与者是代他人收款，很可能被用于洗钱或者提供给博彩等非法交易使用，而参与洗钱则涉及刑事案件，可能面临有期徒刑、拘役、罚金等处罚。

面对"跑分"这种"黑/灰"产业新形态，消费者应当珍惜自己账户的使用权，不随意向他人转借收款码；不轻易被网络上不切实际的高额收益所诱惑，进而参与洗钱等违法违规活动，避免遭受财产损失和承担法律责任。

第三节　国外账户体系的发展

1. 国外银行账户

主要发达国家银行账户体系发展成熟，类型划分较为清晰，主要功能较为明确，通过法律法规对银行账户体系从严监管。

（1）主要发达国家个人银行账户分类

国外个人银行账户从使用功能角度进行划分，分为储蓄账户、交易账户等。储蓄账户是由零售金融机构为客户开立的一种基本账户类型，利率较高。但是一般不能作为狭义的交易媒介使用。储蓄账户的基本用途是为存款人提供利息收入，储蓄账户中的资金一般不能随时支取。

交易账户是由银行或其他金融机构为客户开立的存款账户的一种类型，满足账户持有人进行经常性或即时性的支付需求。对交易账户存在各种不同的表述方式，在英联邦国家称为活期账户（current account），美国称为支票账户（checking account）。交易账户的基本功能则是为企业或个人的交易活动提供便利，因此多数提供交易账户服务的机构对此类账户中的资金支付较低的利息或完全不计付利息。

（2）实名制要求

在各类银行账户的开立条件方面，需落实严格的客户实名制要求。以美国为例，个人用户开立基本储蓄账户需提供身份证明材料，包括驾驶执照或身份证、其他身份证明文件（如信用卡、护照、工作证或学生证），美国居民还需提供社会保障号（SSN）。对于非美国居民而言，各大银行不允许进行在线开户，申请人必须前往银行实体网点提供护照、学生证、介绍信等材料，进行身份审核后开户。

（3）远程开户

根据各国法律要求和当地金融环境的不同，远程开户的身份验证要素和要求有所不同。远程开户的发展模式主要有两种：

第一种是采用"用户上传身份验证要素 + 实时视频 + 交叉验证"的纯线上远程开户模式，如汇丰的 First Direct、澳大利亚 Ubank 和美国的花旗银行等。这种纯线上远程开户能够发展的原因包括国外个人征信数据库健全、信息搜集方式和采集主体多、能够获取用户相对完整的个人信息等。

第二种是"线上验证 + 线下代理"的有限远程开户模式。一是线上与少量线下网点（银行或代理机构营业网点）结合的网络银行，比如全球最大的网络银行 ING Direct，其在德国的分支机构 ING – Diba 通过邮政机构作为代理实现用户"面签"环节，在美国的分支机构通过与行业协会或房产中介等机构合作帮助客户完成许多签约和文件传输的工作。二是传统的境外商业银行以委托协议的形式通过境内商业银行完成远程开户和面签审核。比如澳大利亚国民银行和新西兰银行均与国内浦发银行合作，在客户未到达目的地国家前，就可在这两家境外银行远程开立银行账户，并完成汇款。

2. 国外支付账户

国外支付账户数量庞大，功能分类较为细致，具体表现在以下几个方面。

（1）支付账户的性质根据各国对非银行机构的法律资格采取不同的界定和划分模式

国外成熟市场对于支付账户的监管建立在账户分类的基础上，但是其分类标准更为复杂，通常以提供服务的机构为一级分类标准，以账户功能为二级分类标准。

由于目前各国对从事零售支付业务的非银行机构的定位没有一致的认定标准，因此在账户性质的层面上，一般根据机构在各国不同的法律资格采取不同的划分和监管模式。比如，美国在联邦层面将非银行类支付机构认定为货币服务商，其开立的账户相应仅具有支付功能，不具有储蓄功能，而在州立法层面，大部分州将其定义为"非银行金融机构"，主要从事支付结算服务，不能吸储和放贷。欧盟在对银行账户和非银行类支付机构账户进行分类监管的同时，对非银行类支付机构的定位一直在进行动态调整。

以 PayPal 为例，其在卢森堡属于获得金融监督委员会（CSSF）颁发银行牌照的银行法人，账户相应遵循银行账户的管理规定。澳大利亚将 PayPal 视为特殊的授权存款机构，由澳大利亚审慎监管局（APRA）进行监管，需满足资本金、流动性和其他相关要求，并且不得从事其他银行业务。新加坡货币监管局（MAS）将 PayPal 作为提供储值类支付工具（SVF）的服务商，不属于存款机构，且在新加坡没有汇款业务牌照。在俄罗斯，PayPal 属于获得银行牌照的，可提供支付服务的（非银行）信贷类机构。

（2）除交易功能外，支付账户在部分国家和地区具有普惠价值

以运营较为广泛的 PayPal 账户为例，其账户体系分为三种不同类型，包括个人账户（Personal Account），适用于在线购物的买家用户，主要用于付款，可以收款，功能较为简单；高级账户（Premier Account），适用于在线购物或在线销售的个人用户，是进行跨国交易的个人卖家使用最广泛的账户类型；企业账户（Business Account），适用于以企业或团体名义经营的商家，特别是使用公司银行账户提现的商家用户。

由于各个国家自身金融监管体系以及在普惠金融方面的政策目标方面存在较大差异，因此对于非银行支付机构的账户功能范围方面均有不同规定。比如，在部分传统金融体系覆盖不足的国家和地区，允许非银行类机构接入本国的大额支付系统，以满足农村及偏远地区的支付交易需求，这些国家的支付账户功能相对丰富，除对吸收存款及发放贷款有明确的限制性规定之外，支付账户与银行账户功能基本趋同。以墨西哥为例，2005 年底，墨西哥中央银行授权部分非银行机构直连其大额支付系统（SPEI），参与系统清算，包括外汇公司、保险公司、微金融服务公司、电信公司、移动支付清算所等机构，这些机构有的专门定位于为没有传统银行账户的用户提供转账汇款以及部分银行业务代理服务。

（3）支付账户管理一般需满足实名制要求，并受到反洗钱和反恐怖融资、消费者保护法律法规的约束

各国对非银行机构及其账户的管理模式和规则存在较大差异。从对 PayPal 的国际监管实践方面来看，大多数国家和地区将 PayPal 的业务限定在"电子货币"范围内。通常需要满足最低流动性、最低资本金等方面的要求，并受反洗钱和反恐怖融资（AML/CTF）、消费者保护领域法律法规的约束。

首先，在账户开立方面，一般需落实实名制要求，如澳大利亚规定，客户申请开设 PayPal 个人支付账户时，由于需关联客户信用卡或银行账户，所以必须是实名制。支付机构要登记客户的姓名、出生日期、Email 地址等信息。PayPal 在美国的业务开展之初，只需提供一个电子邮件地址即可注册，后来，随着反洗钱监管要求的日趋严格，在客户开户的身份确认方面，还要求提供信用卡、借记卡或银行账户信息。

其次，防范洗钱和恐怖融资方面统一标准。美国在《爱国者法案》（USA Patrriot Act）中要求，作为货币服务企业，第三方支付机构需要在美国财政部的金融犯罪执行网络（FinCEN）注册，接受联邦政府和州政府的两级反洗钱监管，及时汇报可疑交易，记录并保存所有交易记录。

"9·11"之后，进一步将原先有关银行保密及反洗钱等方面的法律的管制对象拓展至第三方支付机构。在新加坡，PayPal 需遵守《储值类支付工具服务商防范和打击洗钱和恐怖融资的通知》规定，根据"了解你的客户"（KYC）原则落实客户身份识别和验证要求。

此外，在账户资金的保护方面十分严格。如 PayPal 在美国的 45 个州和 2 个海外领地获得了资金转移业务许可，虽然各州的具体要求有一定区别，但对于资金转移机构的概念采用相似标准。大多数将资金转移机构作为监管对象的州，建立了履约保证金制度，作为货币转移机构承诺遵守法律法规，并杜绝机构滥用客户资金的担保方式。

📖 读书笔记

1. 银行账户是银行为存款人开立的用于人民币及外币办理存款、贷款和资金收付等活动的账户。

2. 同一个人在同一家银行只能开立一个Ⅰ类账户，已经开立Ⅰ类账户的，再新开户只能开立Ⅱ类户或Ⅲ类户。Ⅱ类、Ⅲ类账户则是虚拟的电子账户，是在已有Ⅰ类账户基础上增设的两类账户。同一银行为同一个人开立Ⅱ类、Ⅲ类户的数量原则上分别不得超过 5 个。

3. 支付账户是指获得互联网支付业务许可的支付机构，根据客户的真实意愿为其开立的，用于记录预付交易资金余额、客户凭此发起支付指令、反映交易明细信息的电子簿记。

4. 根据实名认证强度，个人支付账户分为三类。

5. 支付账户在服务提供主体、资金余额性质和保障机制等方面与银行账户不同。

6. 主要发达国家账户体系发展成熟、类型划分多样、功能较为明确、受到严格监管。

第四章　网络支付——让支付更精彩

第一节　网络支付的定义和发展

近年来，伴随个人电脑、智能手机等终端普及，以及互联网、移动通信网覆盖率提升，网络支付（移动支付）业务逐渐深入到社会各阶层、各群体的工作生活中，成为社会经济活动不可或缺的一部分。

提起网络支付，人们脑海中可能会联想到在超市中扫描二维码支付、在电商平台选购商品后快速支付、在电脑插入 U 盾后通过网上银行大额转账等场景。网络支付看似简单，实则内涵丰富。那么网络支付是什么？发展得如何？

1. 什么是网络支付

传统支付方式一般是通过现金、票据、银行卡等物理介质和实体凭证的流转来完成款项支付，如给付现金、签发支票等。随着信息科技的发展，支付手段愈发便利化，逐渐脱离了依托实物凭证转移价值的形式，改为通过信息、数据的交互实现价值转移，具体来说就是使用电子手段把支付信息通过网络安全地传送到银行或相应的处理机构，用来实现货币支付或资金流转，这一类支付方式统称为电子支付。

电子支付中的网络支付是互联网技术和硬件性能提升相结合的产物，是依托公共网络或专用网络在收付款人之间转移货币资金的方式。近年来，网络支付发展尤为迅猛。生活中常见的网购、转账、缴费等功能都依托于网络支付，可以说，网络支付已经成为当前最广为人知的电子支付手段。

根据发起支付指令的设备类型，网络支付业务可细分为互联网支付、移动电话支付、固定电话支付和数字电视支付。其中，互联网支付和移动电话支付指收付款人依托计算机（如个人电脑）和移动终端（如智能手机）等电子设备实现货币资金转移的方式，这两种方式更加符合人们的支付习惯，近年来交易笔数、金额不断攀升，市场规模不断壮大。本章将对这两种支付方式作重点介绍。

2. 我国网络支付市场的发展

网络支付的发展与电子商务的兴起息息相关。自20世纪90年代开始，电子商务作为一种新型的贸易方式在全球流行开来，新型的贸易方式必然伴随与之适应的支付结算手段，网络支付应运而生。

我国的网络支付大致始于20世纪90年代末期。1996年，中国银行率先建立网上银行业务，同年9月，招商银行全面启动国内首家网上银行——"一网通"，网络支付开始在中国初步显现。尽管20世纪90年代末至21世纪初期网购已经开始进入民众的视野，但由于电商行业刚刚起步，相关法律法规尚不完善，商品质量及服务难以得到保障，线上交易的诚信问题也未能得到有效地解决，网络支付发展仍处于萌芽阶段。

到2003年，伴随金卡工程的实施，商业银行发卡量迅猛增长，为网络支付进一步发展奠定基础。初期，网络支付份额仍以大型企业的银行间支付为主，但随着中小型电商平台支付需求的增加，以及第三方支付平台的加入，网络支付开始呈现多元化发展。电子商务和与之相伴的网络支付在之后的几年得以飞速发展，网络支付也逐渐成为消费者网购的首选方式。

2012年，支付宝与银行合作推出快捷支付方式，大幅提升了支付体验和效率，第三方支付的功能种类和服务范围不断拓宽。2013年，微信上线支付功能，加速了基于智能终端和移动互联网的移动支付的普及应用。与此同时，移动支付结合了二维码这一低成本、低门槛的技术手段，使其受众更为广泛，再加上支付安全技术创新推动对用户隐私和信息安全的保护进一步增强，以及支付过程无须现金、无须找零、无须刷卡签字等便利，移动支付很快成为国内主流支付方式。在此期间，银行和清算机构也紧随支付方式变革的趋势，陆续推出各具特色的网络和移动支付产品与服务，用户体验和支付效率得到了极大改善。

发展到今天，网络支付和移动支付早已不是依托电子商务的功能性产品，无论银行、清算机构还是支付机构都将网络支付业务独立出来，成立公司或独立部门，网络支付业务受到空前的重视。

依托移动端 APP，单一的支付功能逐步演化为综合性服务平台，日常生活中与支付相关的服务需求几乎都能在各家移动端 APP 内找到较成熟的解决方案。同时，网络支付也成为金融领域中与新兴科技手段结合最为紧密的领域之一，如刷脸支付、央行数字货币等创新在未来可能再次将支付体验提升到新的高度。

📰 知识拓展 8：现金会减少，但它不会消失

随着网络支付的发展，特别是移动支付的日益普及，人们发现，在日常生活中，用到现金的机会越来越少。有人就提出来，未来现金支付会不会消失，我们可能会进入一个无现金社会。纯从市场效率的角度来说，现金使用的成本相对较高，通过移动支付取代现金将明显降低支付的社会成本。现金使用频率降低和流通量减少是未来发展的趋势。

围绕"现金未来还会不会存在"，有两派观点。一派观点认为，随着消费者代际更迭、技术发展，纸钞终将消亡，就像支票一样。技术高度发达后，未来数字货币替代纸质现金是个大概率事件。"无现金社会"终将来临。支持去现金化的观点认为，现金的不法用途有很多，包括但不限于雇佣非法移民、贩毒、走私、洗钱、逃税、腐败、敲诈勒索、贩卖人口、恐怖主义活动等。现金是我们生活中经常接触到的最不卫生的

物品之一。据检测纸币附着了数千种微生物，其中相当一部分是有害细菌。同时，现金的印制、运输、处理、销毁、保险和安保等会产生巨大的综合社会成本。去现金化能有效降低资金交易成本，简化私营部门服务和消费交易，提升经济产出。无现金社会意味着：更方便（吃喝玩乐行、政务金融医疗各类支付需求一站式解决）、更安全（没有假币问题，不怕丢钱包，减少抢夺偷盗犯罪）、更高效（少排队、不用点钞，加速经贸资金流转，社会信用体系更完善）、更普惠（信用将等于财富，只要个人信用良好，都能获得公平金融服务）、更环保（节约货币制造成本、减少碳排放、减少货币交易中的细菌传播机会）。

另一派观点认为，现金具有不可追踪、及时到账、便于使用以及央行信用背书等特点，有利于保护公众隐私，现金短期内不会消亡。《现金的诅咒》一书作者罗格夫认为，"无现金社会"（cashless society）可能并不现实，"少现金"（less – cash society）更有可能实现。

对于中国这样一个大国，现金的使用依然十分广泛。当前的主要任务，依然是要加快非现金支付工具的发展，特别是移动支付的发展，让更多的百姓享受到电子支付的好处。

第二节　网络支付业务有哪些类型

网络支付服务的具体表现形式丰富多样。日常生活中每一笔通过个人电脑或智能手机发起的网络支付交易都涉及相应业务处理模式，从交易发起、到资金转移、再到商户收款，用户前端便捷的操作流程对应着中后台各支付服务提供者、产业链相关方在业务逻辑、风险控制、技术实现等方面的复杂合作。

网络支付业务经过多年发展积累，已经能为用户提供种类繁多、功能多样的产品服务。我们将按照目前常见的业务模式划分网络支付，并作逐一介绍。

1. 网关支付

在网络支付业务发展初期，较早出现的是网关支付。如果你使用网上银行较早，可能会对网关支付印象深刻，它最大的特点是需要用户使用U盾、密码器、口令卡等认证介质以确保交易安全（见图4.1）。

网关支付的出现有效地提升了电子支付连接的效率，大大降低了各电子商务企业独立搭建支付体系的成本，并使每个人享受到网络支付服务成为可能。但随着网络支付的发展，网关支付的弊端开始突显，由于申请开通、操作流程复杂、页面交互性差、支付成功率低，网关支付更加适合企业用户进行大额资金转账，在个人用户市场逐渐被操作更便捷、流程更简单的快捷支付方式取而代之。

图4.1 网关支付界面

知识拓展9：银行业务数字化——网上银行

网上银行是近年来商业银行依托互联网技术发展的创新业务，又称网络银行、在线银行，是指银行利用互联网技术，通过互联网向客户提供开户、查询、对账、行内转账、跨行转账、信贷、网上证券、投资理财等传统服务项目，使客户可以足不出户就能够安全便捷地管理活期或定期存款、支票、信用卡及个人投资等（见表4.1）。

可以说，网上银行就是在互联网上的虚拟银行柜台，网上银行发展初期主要依托个人电脑，随着移动互联网的普及，依托于手机等智能终端的移动银行成为主要发展趋势。移动银行业务能够在任何时间（Anytime）、任何地点（Anywhere）、以任何方式（Anyway）为客户提供金融服务，因此又被称为"3A银行"。

表4.1　个人和企业网上银行业务

个人网上 银行业务	账户管理	账户信息查询、交易明细查询、账户挂失、在线申请
	转账汇款	账户互转、对外转账、跨境汇款
	投资理财	网上理财产品、网上基金、网上保险、网上黄金、网上外汇
	其他业务	缴费支付、客户服务
企业网上 银行业务	账户管理	账户查询、对账服务、电子回单查询
	资金划转	付款业务、收款业务、代发代扣、跨行转账
	缴费支付	日常缴费、特殊费用缴纳
	其他业务	集团理财、现金管理、信贷业务、国际业务、票据业务、企业年金

按照服务对象，网上银行可以分为企业网上银行和个人网上银行；按照有无实体营业机构，又可分为纯网上银行和分支型网上银行。网上银行的本质是银行为其客户提供金融服务的一种新手段。作为一种新手段，网上银行具备与传统银行不同的运行机制和服务功能。在属性上，网上银行具有因应用而衍生的特点，包括虚拟性、开放性、低成本性、

智能性、互动性、以客户为中心、服务个性化等。

随着依靠存贷差获取利润的空间已经逐渐缩小，商业银行更加需要依靠高技术性的金融服务获取利润。网上银行可利用信息技术和信息资源为商业银行提供更多的利润空间和发展机会。除了在网上提供银行的传统的业务服务外，网上银行利用互联网丰富的信息资源，可为客户提供资信评估、公司个人理财顾问、专家投资分析等创新业务，提高信息的附加值，强化银行信息中介职能，打造竞争优势。

2. 快捷支付

快捷支付是支付机构和银行通过协议与客户约定，由支付机构代客户向银行发送支付指令，直接扣划客户绑定的银行账户资金的支付方式。相比网关支付，快捷支付以其开通简单、交易验证便捷的特点深受客户欢迎，已成为网络支付服务的主要模式。

个人客户在开通银行的快捷支付功能后，无须使用 U 盾、密码器、口令卡等认证介质，只需凭借绑定手机接收的动态密码进行身份认证，即可完成小额网上购物、转账汇款、自助缴费等电子支付交易。具体来说，用户登录商业银行、支付机构或其合作商户网站提交快捷支付签约申请，通过银行系统一系列身份认证后完成签约；后续用户完成购物或消费后，发起支付申请，无须再登录银行网银，仅需通过用户身份认证即可完成支付。

快捷支付是支付机构为克服网关支付操作烦琐的缺点，在 2012 年探索出的创新业务模式，快捷支付的出现对支付机构的发展产生了"革命般"的影响。

当时，普遍使用的网关支付方式用户体验较差，用户需要到柜台开通业务、使用 IE 浏览器、跳转页面、插入 U 盾等一系列操作后才能完成支付，用户流失率高，支付成功率低。因此，支付机构通过创新，推出了"鉴权/核身＋代扣"的快捷支付模式，相较网关支付它有两大优势：一是核验身份不需要用户跑网点，直接远程校验信息，便捷性大幅提升；

二是简化支付流程，用户体验和支付成功率明显改善。

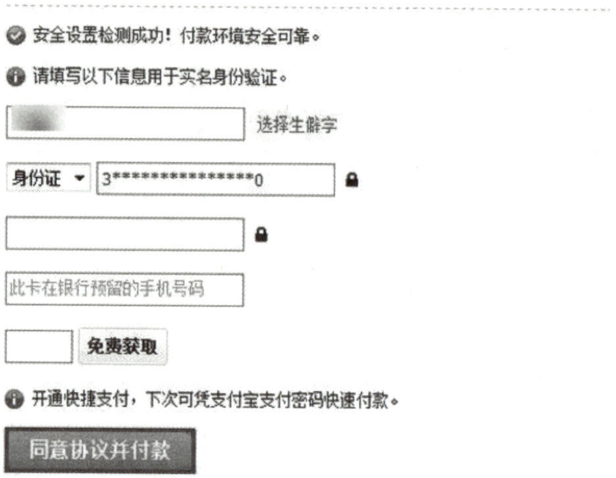

✅ 安全设置检测成功！付款环境安全可靠。

ℹ️ 请填写以下信息用于实名身份验证。

姓名： ▢▢▢▢▢▢▢▢ 选择生僻字

证件： 身份证 ▼ 3****************0 🔒

储蓄卡卡号： ▢▢▢▢▢▢▢▢ 🔒

手机号码： 此卡在银行预留的手机号码

付款校验码： ▢▢▢▢ 免费获取

ℹ️ 开通快捷支付，下次可凭支付宝支付密码快速付款。

同意协议并付款

图4.2　快捷支付签约流程

📖 知识拓展10：跨境支付的发展

　　跨境支付是近年来支付领域的一大热点。跨境电商的爆发式增长，出境游、留学的广泛普及，使跨境支付作为其资金流转的基础蕴藏着巨大的潜力。在这一背景下，商业银行和支付机构纷纷发挥各自优势，充分合作，开展各具特色的跨境支付服务。具体而言，跨境支付主要分为境内用户购买境外商品或服务的进口模式和境外用户购买境内商品或服务的出口模式。

　　对于跨境支付的进口模式，目前国内用户已经习惯了通过便捷的移动支付方式进行线上、线下消费，伴随国内用户走出国门，这类需求自然延伸至境外市场，典型场景包括海淘、跨境旅游、留学等。在跨境汇款、境外消费方面，受国内用户支付习惯影响，支付宝、财付通、银联是拓展C端用户的主要参与者，同时它们也积极拓展各类商户，建设更广泛的受理场景。在跨境电子商务、旅游教育、酒店住宿方面，市场参与者则更加多元，包括连连支付、汇付天下等重点拓展B端垂直领域的机构。当然，尽管业务前景良好，支付机构在寻求出海过程中，也面临着跨国合规、跨境外币支付牌照的获取、用户消费习惯差异等挑战。

对于跨境支付的出口模式，境外用户来到境内一方面有使用外卡消费的需求，另一方面有尝试国内移动支付方式的可能，前者对应传统外卡收单业务，后者对应各机构的跨境移动支付创新。受北京冬奥会临近、我国移动支付产业在全球范围影响力扩大等因素影响，境外用户来华的移动支付体验也受到监管部门的关注，多份指导文件均提到完善入境游客移动支付解决方案、探索突破港澳台同胞及外籍用户应用第三方支付工具障碍等内容。基于此背景，支付宝通过与上海银行合作实现访华外国游客的移动支付，外籍人士可使用境外手机号码注册支付宝 APP 国际版，进入"tour pass"小程序之后可绑定自己的 Visa、Mastercard、JCB 等境外银行卡，将资金充值到上海银行开发的 tour pass 电子消费卡并在中国内地扫码支付。腾讯也与 Visa、Mastercard、American Express、Discover Global Network、JCB 五大国际卡组织探讨合作，支持境外开立的国际信用卡绑定微信支付，并试点支持用户在 12306 购票、滴滴出行等衣食住行的部分场景消费（见图4.3）。此外，针对港澳同胞，Alipay HK 和 Wechat HK（支付宝、微信支付香港本地钱包）通过与网联和银联国际合作，实现香港钱包用户在大湾区消费时可通过线下扫码的方式进行跨境支付；澳门中国银行手机银行 APP 和澳门通 Mpay 钱包的用户可在内地特定商户进行线下扫码支付，便利澳门居民来内地工作、旅游和生活。

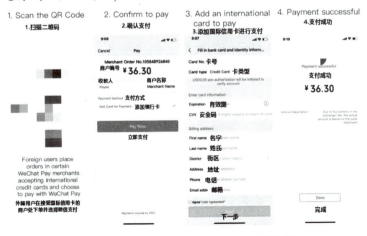

图4.3　外籍人士在境内使用微信支付流程

跨境支付业务发展方兴未艾，相关业务模式、合作方式仍在不断探索推进过程中。可以确定的是，未来伴随支付领域高质量双向开放，跨境支付业务将对促进境内境外两个市场的资金流通、人员流动产生重要作用。

第三节　网络支付有哪些新业态

随着与信息技术融合的深入，网络支付的验证方式、支付介质和资金渠道也逐步增加，交互方式不断升级，催生出许多新的网络支付业态，下面我们将对主要的业态进行介绍。

1. 条码支付

相比网上支付，移动支付优势在于移动性、实时性、快捷性、安全性和整合性，是支付服务提供方顺应业务"移动化"、"掌上化"趋势推出的服务。移动支付将以往需要在计算机上处理的网络支付业务转移至移动终端，打破了传统支付对于时间和空间的限制，消费者可随时向任何卖家进行支付，在资金来源上快捷支付和电子钱包支付结合，极大提升了支付便利程度。

除此之外，受益于不受时空限制、使用频率高等优势，移动支付发展出较网上支付更丰富的产品种类和应用场景。

在移动支付的多种形式中，条码支付因其使用简单、成本低廉的特点极大助推了移动支付在我国的发展。顾名思义，条码支付就是利用条码技术进行 O2O（线上到线下）支付，通过手机等移动终端拍摄条码并识别后快速付款，例如用户使用手机扫描自动贩卖机上显示的条码，识别后向对方支付相应金额，即可从自动贩卖机中获得商品。

目前，常见的用于承载支付信息的条码是二维码，其可承载丰富的信息。具体而言，一是用作交易订单或商品信息的载体，特约商户可以把商品价格、属性、收款账户等交易信息编码嵌入二维码中进行发布；用户使用手机扫描二维码，便可查询到商品信息或生成交易订单。

二是作为交易账户的载体。从技术实现看，二维码承载的账户可以是银行账户或是支付账户；可以是用户的付款账户或是商户的收款账户。

三是作为票券的载体，如门票、电子优惠券等。用户可以在应用场景出示预先支付成功后的电子凭证（二维码），获取相应的产品或服务；也可以凭借二维码电子优惠券，在购买商品或服务时享受折扣或减价优惠。

在如今的生活中二维码随处可见，条码支付已经十分普及，无论是在商超、便利店、公交、酒店等场景，还是使用充值、缴费、消费、转账等功能，都能见到条码支付的身影。

条码支付按照发起交易的主体不同，可分为主扫模式和被扫模式（见图4.4）。主扫模式也称付款扫码，是指付款人通过移动终端识读收款人展示的条码完成支付的行为。如消费者在菜市场购买蔬菜，扫描商户摆放的码牌，输入金额后确认付款。被扫模式也称收款扫码，是指收款人通过识读付款人移动终端展示的条码完成支付的行为。如消费者在超市选购商品后到柜台结账，收银员在收银系统输入订单信息并使用扫码枪扫描用户展示的付款码。

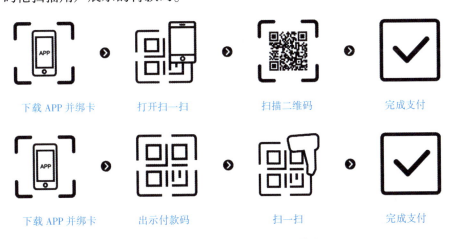

下载 APP 并绑卡　　打开扫一扫　　扫描二维码　　完成支付

下载 APP 并绑卡　　出示付款码　　扫一扫　　完成支付

图 4.4　二维码主扫模式和被扫模式

尽管条码支付具有支付便捷、应用门槛低的优势，但与其快速发展相伴产生的支付风险问题也不容忽视。特别是囿于缺乏统一的业务规范和技术标准，在条码生成机制和传输过程中仍存在风险隐患，也引发了支付安全的风险案件，市场机构在条码支付业务推广过程中还存在不正当竞争等现象。为此，人民银行于 2017 年底印发《条码支付业务规范（试行)》（以下简称《规范》）以促进条码支付健康可持续发展。

在业务规范方面，《规范》提出的主要措施包括强调业务资质要求、重申清算管理要求、维护市场公平竞争秩序要求、规范条码生成和受理，以及加强商户管理和风险管理的要求。

在条码支付技术风险方面，《规范》提出加强条码安全防护、提升条码支付交易安全强度、强化条码支付交易风险监测与预警和加强客户端软件安全管理一系列要求。按照风险管理能力和安全等级，采取交易限额管理。

与银行卡支付相比，条码支付在交易安全性上存在一定不足，人民银行坚持条码支付小额、便民的定位，对条码支付风险防范能力进行分级（见表 4.2），并要求发行条码的银行、支付机构根据风险防范能力等级，在确保风险可控和尽量满足用户需求的前提下科学合理设置相匹配的日累计交易限额。

表 4.2　条码支付风险能力分级

风险防范能力	交易验证方式	交易限额（同一客户单日累计）	
		银行（单个银行账户）	支付机构（所有支付账户或快捷支付）
A 级	采用包括数字证书或电子签名在内的两类（含）以上有效要素进行验证	自主约定	自主约定
B 级	采用不包括数字证书、电子签名在内的两类（含）以上有效要素进行验证	5000 元	所有支付账户 5000 元所有快捷支付 5000 元
C 级	采用不足两类有效要素进行验证	1000 元	所有支付账户 1000 元所有快捷支付 1000 元
D 级	使用静态条码进行支付	500 元	所有支付账户 500 元所有快捷支付 500 元

📖 知识拓展 11：支付创新为条码注入新鲜活力

条码技术是将宽度不等的多个黑条和空白，按照一定的编码规则排列，用于表达一组信息的自动识别技术。目前使用较为广泛的是一维条码和二维条码。

一维条码：

129094207

一维条码常用于工业、医药、仓库、零售批发、机场、生产/包装识别、图书，以及票证自动化管理等领域。

二维条码：

二维条码的信息容量是一维条码的几十倍，理论上可容纳 1850 个大写字母，或 2710 个数字，或 1108 个字节，或 500 多个汉字，常用于产品防伪/溯源、广告推送、网站链接、数据下载、商品交易、定位/导航、电子凭证、车辆管理、信息传递、名片交流、WiFi 共享等，其中二维码技术也在支付领域得到广泛应用。

条码支付可分为静态码和动态码。静态码多为商家把账号、商品价格等交易信息汇编成的二维码，并印刷在各种报纸、杂志、广告、图书等载体上发布。动态码通常是用户通过手机客户端扫拍的二维码，可实现对商家账户的支付结算。商家根据支付交易中的用户资料、收货地址等信息，可以进行商品配送，完成交易。

受理条码支付方式需要使用专用硬件设备，即条码支付受理终端，具体是指具有条码展示或识读等功能，参与条码支付的商户端专用机具，包括显码设备和扫码设备。显码设备是具有条码展示功能的专用设备。扫码设备是能够识读条码并且向后台系统发起支付指令的专用设备，如带扫码枪的收银机、POS 终端、ATM 终端等。

条码支付受理终端在进行条码展示或识读时，不仅要满足展示条码的正确性、规范性、颜色、精度等要求，以及扫码识读时的识读速度、出错率等要求，更应确保条码识读结果的机密性，避免条码信息泄露，为支付敏感信息的存储和传输提供安全的环境。

2. 人脸识别支付

大数据与深度学习技术的蓬勃发展驱动了生物特征识别技术在市场上不断升温，特别是人脸识别技术正成为发展最为迅速、应用前景最为广阔的生物识别技术之一。在市场主体的持续推动下，人脸识别技术与支付产品和服务的融合应用不断推进，在医院、超市、餐饮门店、便利店等线下应用场景开展应用尝试，给客户带来全新的支付方式和体验。

目前国内提供刷脸支付服务的主体包括商业银行、支付机构、清算机构等。

商业银行依托自身手机银行或银联"云闪付"APP 开展刷脸支付业务探索实验，主要将人脸识别技术应用于网点柜面、ATM 取款、本行 APP 和刷脸支付场景。

支付宝、微信等支付机构刷脸支付基于人工智能、生物识别、3D 传感、大数据风控等技术，可使用户无须打开手机，凭借"刷脸"完成支付。如在 KFC 的自助点餐机上，用户可以自助完成点餐，并通过"刷脸"完成支付，免去在人工通道排队点餐支付的麻烦，节省大量时间。

银联刷脸支付是中国银联联合银行卡产业各方，形成的以人脸作为路由标识的转接清算模式。用户在手机银行或云闪付APP注册开通并绑定银联卡，即可在商超、餐饮、药店、酒店、自助售货机等场景的特约商户结算时使用支付产品“刷脸付”。

刷脸支付业务本质上是应用人脸识别技术代替用户名、账户名称、密码等传统身份验证方式，依托人脸信息完成用户登录、支付指令发起及后续交易处理的一种支付方式。刷脸支付目前主要有以下两种业务模式：

一是以商业银行、支付宝和财付通为代表的封闭应用模式。该模式下，人脸信息分别按照各自标准和算法、采用专用终端设备或用户手机进行采集、存储与后续核验，支付交易根据资金来源选择在本机构内或通过清算机构进行处理。

该模式以账户维度来进行刷脸支付的开通、使用和管理。用户通过线上APP或线下终端开通刷脸支付服务并关联手机号，以人脸信息和输入手机号的方式进行身份验证。开通刷脸支付后，用户在进行刷脸支付时，只需进行人脸识别并输入手机号，即可完成支付（见图4.5、图4.6）。

用户
开始
刷脸支付
采集人脸
输入手机号后四位（高频用户可以不输入手机号）
确认支付宝账号本人
确认支付
完成支付

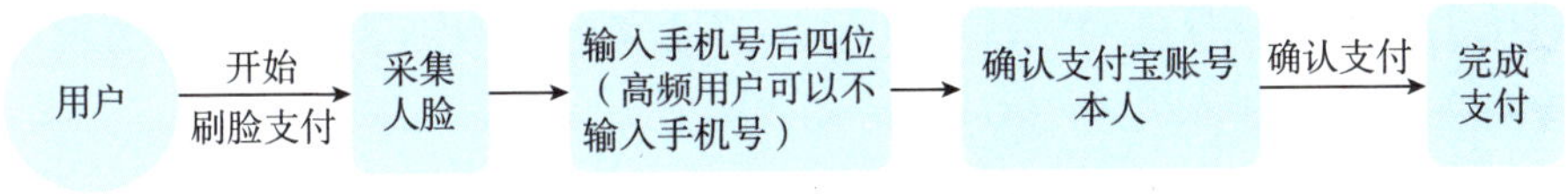

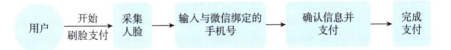

图4.5　支付宝刷脸支付业务模式

用户
开始
刷脸支付
采集人脸
输入与微信绑定的手机号
确认信息并支付
完成支付

图4.6　微信刷脸支付业务模式

二是以银联“刷脸付”为代表的联网通用模式。该模式下，人脸信息按照统一规则标准和算法，采用通用设备终端或用户手机进行采集，由银联统一存储并同步发卡行，后续核验通过银联人脸识别网关路由识别，支付交易遵循银行卡四方模式业务规则。

该模式利用人脸特征作为路由标识来实现支付交易转接清算，实现金融机构间线下刷脸支付联网通用，各参与机构的角色与现有银行卡交易中的角色基本保持一致。用户进行刷脸支付时，在通用设备终端只需进行人脸识别并输入刷脸支付口令，即可完成支付（见图4.7）。

图 4.7　中国银联刷脸支付业务模式

📖 知识拓展 12：人脸识别线下支付行业自律公约

刷脸支付的便利性比条码支付更进一步，用户不必携带任何支付介质就能进行小额消费支付，是技术进步推动无卡支付、无物理介质支付进化的成果。但是，再先进的支付技术与手段，也摆脱不了安全性与便利性的权衡。那么如何发挥刷脸支付的优势，避免其风险？中国支付清算协会组织相关会员单位制定并发布了《人脸识别线下支付行业自律公约（试行)》（以下简称《公约》）对线下刷脸支付业务予以规范。

一是明确了"人脸识别＋支付口令"的验证方式。要求会员单位在通过面部识别核实用户身份的基础上，采用支付口令或其他可靠的技术手段实现本人主动确权，明确真实的支付意愿表达。

二是强调对个人信息的保护。在采集环节，要求会员单位坚持"用户授权、最小够用"原则，明确告知用户信息使用目的、方式和范围，并获得用户授权；在存储环节，要求将原始人脸信息加密存储，并与银行账号或支付账号、身份证号等用户个人隐私进行安全隔离；在使用环节，规定收单机构、商户等不得归集或截留原始人脸信息。

三是推动刷脸支付互联互通。为解决刷脸支付提供方各自为营、互不通用的问题，《公约》提出会员单位布放和接入的刷脸支付受理终端应支持业务互联互通，避免出现"一柜多机"现象，造成资源浪费。

四是明确用户权益保护。在开通刷脸支付时，充分尊重用户真实意愿，以显著方式提示用户注意服务协议中与其有重大利害关系的事项；对用户刷脸支付可开通的交易类型进行限制，通过协议约定交易限额；明确投诉受理责任部门和责任人，向用户告知客服电话、在线客服等受理投诉的渠道；对不能有效证明因用户原因导致的资金损失及时先行赔付等。

3. NFC 支付

NFC 支付是另一种较成熟的移动支付模式，又称近距离通信技术，是通过 NFC 近场通信技术（短距离，小于 10cm 的无线通信技术，允许电子设备之间进行非接触式数据传输）实现的一种新型支付方式。

用户在选购商品或服务并确认相应金额后，使用具备 NFC 支付功能的移动终端，在支持非接触式支付终端上轻松一挥便可快速完成支付，无须输入密码和签名（见图 4.8、图 4.9）。

图 4.8　手机闪付

图 4.9　部分国内闪付品牌

国内常见的 Apple Pay、Samsung Pay、Huawei Pay、Mi Pay 等 Pay 类支付应用都支持 NFC 功能，用户通常在应用内绑定银行卡进行支付，通过 NFC 的卡模拟模式，交易过程中不需要联网，手机即相当于实体银行卡。

最初，Pay 类应用为了保障安全性，需要手机内置安全模块用来存储 Token 信息，即需要在手机主板或 SIM 卡或 SD 卡上有特定的硬件支持。后来国际上推出了 HCE（主机卡模拟）叠加 Token 技术，通过手机的运算能力来模拟芯片卡，使得近场支付无须物理安全模块参与。

自此，NFC 技术的应用不必要求用户更换 SIM 卡或手机，同时金融机构加快推出相关应用，使得 NFC 推广速度大大提升。

除了银行卡应用外，NFC 还支持企业一卡通应用和电子券应用，前者可以在企业内部用于门禁、考勤、食堂消费等，后者可以通过联机方式完成手机支付电子券的消费。

NFC 支付和条码支付是目前两种较流行的移动支付方式。二者均适用于高频、小额、便民类场景，存在一定的竞争关系。相比条码支付，NFC 支付在静态安全等级和安全环境方面占优势，且从操作体验看，NFC 利用非接技术不用打开手机即可直接支付，便捷性更佳。但 NFC 支付对手机硬件有要求，并非所有手机都支持相应功能，而条码支付几乎适用于任何智能手机，使用门槛低，利于普及。

理论上讲，两类线下支付方式各有优劣，但在实际生活中大部分线下适用场景已被条码支付覆盖，条码支付虽然被诟病安全性存在隐患，尤其是静态码易被不法分子篡改、利用，但其对用户、商户而言应用便利，有效解决了 NFC 技术普及应用的痛点，条码技术一经应用到移动支付领域就迅速占据了线下市场。

随着支持 NFC 功能的手机和受理终端不断普及，金融机构在业务设计上更加注重用户体验以及 NFC 支付在交通、票务领域具有一定优势。虽然在短期内全面挑战条码支付市场难度不小，但在部分场景下，NFC 支付仍有发展前景。

知识拓展 13：ETC 支付的应用

ETC 指的是电子不停车收费系统，主要服务于安装有 ETC 车载器的车辆，通过安装在车辆上的电子标签和收费站 ETC 之间的微波天线通讯，再由计算机网络与银行或支付机构在后台付费结算，从而达到不用停车就能缴纳费用的目的，缓解公路通行压力。2019 年 5 月，国务院、发改委、交通部接连发文，积极推动 ETC 安装使用，并提出到 2019 年底，全国 ETC 用户数量要突破 1.8 亿，高速公路收费站 ETC 全覆盖，ETC 车道成为主要收费车道，货车实现不停车收费，高速公路不停车快捷收费率达到 90% 以上。同年 11 月，人民银行和银保监会联合发文鼓励商业银行、非银行支付机构主动与交通运输部门 ETC 大型服务机构对接，从而拓宽 ETC 发行渠道，实现人工收费车道移动支付全覆盖。在政策支持和各市场主体努力下，原定两年内基本取消全国高速公路省界收费站的任务已于一年内全部完成。ETC 用户超过 2 亿，平均使用率超过 70%。

ETC 用户通常是有车一族，商业银行、支付机构在推广 ETC 业务时，不仅积极响应了政策号召，也将自身产品服务延伸至车主这一优质用户群体。ETC 演变出的新型无感移动支付方式与高速公路收费场景有天然的契合性，兼具安全与便捷，未来还可能向加油站、停车场等场景延伸，进一步挖掘用户需求，提升服务价值。如银行可以利用这一新业务提升发卡量（尤其是信用卡），吸引优质车主成为持卡人，进而增强客户黏度，带来存贷款等业务的增长，甚至借此机会将业务链条延伸，切入交通系统、布局产业互联网。当然，ETC 业务在快速扩张的同时也面临着受理机构投诉增加、营销成本高、设备质量参差不齐、业务拉动不明显等问题。

第四节　使用网络支付需注意什么

网络支付给我们的生活带来了很多便捷，不管是吃喝玩乐，还是投资理财，都有网络支付的应用。但是，网络支付的背后也潜藏着安全隐患，如余额被盗刷、零钱突然不见等，让我们不得不重视起来。那么，在日常生活中，如何防范网络支付风险呢？

1. 规范下载和管理支付类 APP

通过正规应用商店等渠道下载支付类 APP，以免手机感染木马病毒或者误装仿冒软件。

支付类 APP 要安装或者启用高等级的安全防护软件，设置安全保护问题。

登录支付类 APP 时，要取消"记住账户名"、"十天内自动登录"等选项。

按需开通支付类 APP 的隐私权限，及时关闭不必要的 APP 权限。

谨慎开通人脸识别支付等需收集生物特征信息的业务。

注销旧手机号同步取消账户绑定。用户在注销手机号码时应同步解除该号码与银行卡、证券、基金账户等各项金融业务账户的绑定关系，并及时更新微信、微博、QQ 等服务的关联电话号码，避免犯罪分子获取旧手机号码后，通过"忘记密码"找回旧手机号绑定的各种金融业务账户的登录密码，盗取账户中的资金。

风险提示 3：合理使用小额免密、代扣业务

小额免密支付和代扣均可以使用户在不输入密码的情况下进行款项支付，是支付服务提供者为方便用户推出的业务。以某支付机构为例，使用付款码时，用户小于 1000 元的支付无须验证支付密码。

尽管支付服务提供者的安全系统会对可疑交易进行实时拦截和校验，小额免密和代扣业务依然存在不确定风险，在用户选择使用银行卡作为付款方式时（即快捷支付）尤其如此。近年来，"隔空盗刷"、第三方软件乱扣费、ETC 乱扣费等导致用户非授权支付的事件屡见不鲜。甚至有

不法分子利用钓鱼界面＋代扣的欺诈手段，骗取68名支付机构用户资金高达18万元的案件。有关专家表示不法分子可以轻易通过骗取用户扫码开通代付等方式，盗刷用户多笔钱款，说明"免密代扣"存在一定的安全隐患。"免密代扣"功能应进一步提升安全性，例如设定连续免密代付异常风险提示，或设定一定的功能限制机制，如短时间内连续免密代扣几笔，可以设定支付金额降低限制，或重新启动密码支付。必要时，"免密代付"可设定"延迟到账"、"快速追回"等功能，重点是实现支付便捷性与资金安全性的平衡。

因此，若用户确有需要开通小额免密和代扣业务，签约需审慎，同时应注意合理设置免密限额，保护好付款码、账户信息和其他个人信息。

2. 网络支付使用要注意防范风险

做到不明WiFi不连。特别是在连接免费WiFi时不登录网上银行、手机银行、支付机构APP进行账户查询、支付等操作。

收到"电子密码失效"、"银行升级"等内容的短信，请一定要保持警惕，可直接拨打官方客服电话确认，千万不要点击异常链接，以免不小心中毒。

要分清二维码是收款码还是付款码，收款码无须加好友，对方扫你就可以向你付钱；付款码是用于付款时，向商家展示。付款码展示的时候，要注意遮挡，要注意周围环境，付款时尽量先不要把付款码打开，防止付款码被人盗扫。

扫描静态条码要倍加小心。我们经常可以看到一些便利店、烟店，甚至是流动车、地摊、出租车上等都贴有这种静态二维码，只要拿出手机扫描一下就可以完成支付交易。静态二维码或者条形码容易被掉包，经常有很多商家粘贴的二维码被人偷偷掉包。作为商家使用静态条码收款，可以开通语音提醒，开通后每收到一笔款项，就会有语音播报到账多少元的提醒，证明客户付款到自己账户成功。另外，来历不明的静态码容易被安置木马和病毒，也千万不要轻易扫，一个不小心恶意病毒可能就会缠上你。

留意自己银行卡的扣费信息，若发生自己不知情的消费信息，务必要及时联系银行。

警惕冒充公安、警官、法院、检察院要求上报个人信息或转账的电信网络欺诈，尤其不要听信电话中的任何关于手机 APP 的操作指令。收到此类信息应第一时间与官方平台联系，核实信息真伪。

3. 密码管理和使用别大意

支付账户要坚持实名认证，防止手机丢失后被恶意找回密码。

支付密码不要一码多用，各种账户的登录密码和支付密码最好不要用同一套。特别是支付密码要单独设置，并定期修改。

支付密码设置尽量使用字母和数字的组合，避免使用生日、手机号码等简单数字密码，防止不法分子通过撞库盗号。

🂡 风险提示4：手机丢失怎么办

你或你的亲友，或许都有过丢失手机的惨痛经历。在手机丢失的第一时间，首先要确保可通过手机操作的各种资金和账户的安全，为此，一定要做到以下每一步！

如果手机丢失后，暂时没有发现账户被登录或盗用的情况，你需要：

（1）拨打运营商电话，挂失手机号，防止别人通过你的手机号进行验证码等验证；

（2）找到一个新手机，登录你的支付宝账号，修改密码；

（3）在新手机上登录你的微信，点击设置—账号与安全—登录设备管理，在登录设备列表中删除你丢失的手机设备。

（4）依次登录你的所有网银账户，并更改所有账户的密码。

另外，大部分投资账户，比如股票账户、基金账户，往往要求资金从指定你名下的卡片中进出，所以问题不大，不放心的话也可以进行修改密码。

如果发现你的账户已经开始被他人盗用了，除了需要拨打运营商电话挂失手机号之外，建议立即冻结各类资金账户，同时报警。

（1）手机银行

拨打银行卡所属银行的客服热线，进行账户挂失。挂失之后手机银行和网银将暂停使用。问题解决后，再携带本人身份证与银行卡去银行办理解挂即可。

另外，现在很多人把自己的网银设置了指纹登录，一旦丢失，坏人是否可以添加新指纹从而登录网银？目前手机的安全系统保证网银APP会检测指纹是否有更换，如果检测到有更换会无法识别设置的新指纹，需要使用账号密码登录。

（2）支付宝

你可以用亲友的手机登录支付宝，点击我的—设置—安全设置—安全中心—挂失账号—立即挂失，即可锁定当前账户，锁定后账户暂时无法使用，没办法进行资金往来，解除挂失前任何人都无法登录。

（3）微信

如果有亲友告诉你，有人正在通过你的微信发消息，你要如何保证自己的微信安全呢？首先，尽快在亲友的手机上登录你的微信。之后点击我—设置—账号与安全—微信安全中心—冻结账号，开始冻结。

这样，你的微信账号就会冻结，其他任何人都不能冒用你的身份进行诈骗，也不能窃取你的个人隐私。等到你换了新手机，就可以通过同一页面上的"解冻账号"把你的微信账号解冻，恢复正常使用。

4. 个人信息要保密

使用网络支付时，用户要注意保护好身份证、银行卡等重要证件及其中的个人信息，即使需要交给他人使用，也最好不要将原件交给对方。如果需要他人帮助自己注册账号，尽量由自己操作。

手机验证码和密码同样重要，其他人以任何理由要求你提供验证码信息，都可以认为是欺诈。

手机相册里不存放身份证照片。旧手机、电脑不要随意丢弃，应在删除重要信息图片、格式化或恢复出厂设置后再处理。

📘 **知识拓展14：加强个人信息保护是大势所趋——兼论《统一数据保护条例》**

欧盟《统一数据保护条例》（GDPR）的发布，已成为个人信息保护领域的热点。之所以 GDPR 能引起如此集中的关注，主要是其在个人信息保护领域的严厉性和广适性以及提出的一些新概念。

一是 GDPR 的适用范围十分宽泛，因此影响非常广泛。GDPR 管辖的主体，除欧盟境内的数据控制者和数据处理者外，还包括欧盟境外的数据控制者和处理者，只要其数据处理活动向欧盟境内的个体提供商品或服务，或涉及监测欧盟境内主体活动的，一概都受 GDPR 管辖。

这意味着任何网站甚至手机软件（APP）只要能够被欧盟境内的个人所访问和使用，产品或服务使用的语言是英语或特定的欧盟成员国语言、产品标识的价格为欧元，都将适用于 GDPR。这也是为何 GDPR 在全球引起极大关注的重要原因之一。不论是银行、保险、航空等传统行业，还是电子商务、社交网络等新兴领域，只要涉及向欧盟境内个人提供服务并处理个人数据，都将属于 GDPR 的适用范围。

二是违规处罚力度空前，特别是对大企业来说将面临巨额罚款。除跨境管辖外，GDPR 令全球高度关注的另一个原因是其严厉的处罚措施。按照 GDPR 规定，欧盟和成员国数据保护机构除可行使警告、申诫、责令整改或中止数据传输等处罚权力外，还可针对违规行为处以高额罚款。GDPR 根据违规程度，设置了两档罚金：

（1）处以 1000 万欧元或者上一年度全球营业收入的 2%，两者取其高。针对的违法行为包括：未实施充分的 IT 安全保障措施、未提供全面、透明的隐私政策，未签订书面的数据处理协议等。

（2）处以 2000 万欧元或者企业上一年度全球营业收入的 4%，两者取其高。针对的违法行为包括：无法说明如何获得用户的同意、违反数据处理的一般性原则、侵害数据主体的合法权利以及拒绝服从监管机构的执法命令等。

由于引入全球营业收入作为处罚基准之一且取其高者为违规处罚金额，因此，GDPR 对于违规行为，特别是大型跨国公司的违规处罚力度相当大。以微软为例，其 2017 年全球营业收入为 899.5 亿美元。如果微软严重违规（符合第 2 档处罚规定），欧盟有权依据 GDPR 对其处以 35.98 亿美元罚款（远超过 2000 万欧元）。

三是数据主体权利得到强化，创新了一些数据方面的新概念。GDPR 明确细化了数据主体的权利，从而在实现加强个人数据保护目标的同时，促进欧盟内部信息流动。数据主体的主要权利详见表 4.3。其中，数据被遗忘权、数据可携权为 GDPR 引入的新型权利，值得关注。

表 4.3 GDPR 规定的数据主体权利

数据主体权利	权利的主要内容
知情权	数据控制者必须以清楚简单明了的方式向个人说明其个人数据是如何被收集处理的。（GDPR 第 12、第 13、第 14 条）
访问权	数据主体在提供信息时，有权确认自己的数据是否正在被处理，并有权访问个人数据。数据控制者应为用户实现该权利提供相应的流程，且不能基于提供该服务而收费。（GDPR 第 15 条）
反对权	禁止采集的数据不得被数据控制者、处理者归集。对于以下两种情形，数据主体享有绝对的拒绝权：（1）有权拒绝数据控制者基于其合法利益处理个人数据；（2）有权拒绝基于个人数据的市场营销行为。（GDPR 第 21 条）
限制处理权	当数据主体提出投诉时（例如针对数据的准确性），数据主体并不要求删除该数据，但可以限制数据控制者不再对该数据继续处理。（GDPR 第 18、第 19 条）
反自动化决策（包括画像）权	若数据控制者和处理者仅仅依靠自动化处理（包括画像）作出决策，会对数据主体产生重大影响时，数据主体有权不受其约束。（GDPR 第 23 条）

数据主体权利	权利的主要内容
数据被遗忘权 （删除权）	当数据主体依法撤回同意或者数据控制者不再有合法理由继续处理数据等情形时，数据主体有权要求删除数据。（GDPR 第 17 条）
数据可携权	数据主体可以无障碍地将其个人数据从一个信息服务提供者处转移至另一个信息服务提供者。（GDPR 第 20 条）

如数据可携权是指用户可以无障碍地将其个人数据从一个信息服务提供者处转移至另一个信息服务提供者，例如，Facebook 的用户可以将其账号中的照片以及其他资料转移至其他社交网络服务提供商。当然，该权利不仅适用于社交网络服务，还包括云计算、网络服务以及手机应用等自动数据处理系统。数据控制者不仅无权干涉数据主体的此项权利，还需要配合用户提供数据文本。

出于对数据安全的现实担忧，许多国家都将 GDPR 看作数据保护领域的国际新规范，其立法思路和体系化的保护措施对各国数据保护立法都将产生重要影响。安永的调查显示，亚太区金融机构普遍预计各国可能向 GDPR 看齐，对相关法律法规进行调整。

我国也开始加大打击个人信息买卖的力度。我国最高人民法院和最高人民检察院关于办理侵犯公民个人信息刑事案件的司法解释，明确了"公民个人信息"的定义，除了姓名、身份证号码、通信通讯联系方式、住址、账号密码、财产状况以外，行踪轨迹等也被纳入。

该司法解释明确，向特定人提供公民个人信息，以及通过信息网络或者其他途径发布公民个人信息的，应当认定为刑法规定的"提供公民个人信息"。不仅买卖公民个人信息是违法行为，房产中介之间交换公民个人信息也构成侵犯公民个人信息的行为。

对于刑法相关规定中"情节严重"的认定标准，司法解释明确规定了入罪 10 种情形，包括非法获取、出售或者提供行踪轨迹信息、通信内容、征信信息、财产信息 50 条以上的；非法获取、出售或提供住宿信息、通信记录、健康生理信息、交易信息等其他可能影响人身、财产安全的公民个人信息 500 条以上的；非法获取、出售或提供前两项规定以外的公民个人信息 5000 条以上的；违法所得 5000 元以上的等情形。

读书笔记

1. 网络支付指依托公共网络或专用网络在收付款人之间转移货币资金的行为，包括互联网支付、移动电话支付、固定电话支付、数字电视支付等。

2. 网络支付分为网关支付、快捷支付两种主要模式。同时，也分为条码支付、NFC 支付、人脸识别支付等新业态。

3. 快捷支付是支付机构发展过程中最重要的里程碑之一，其重要意义在于打通银行渠道，使得用户可以通过支付账户直接使用银行账户内的资金。

4. 使用网络支付应注意规范下载和管理支付类 APP，合理设置权限、谨慎开通免密代扣业务，科学设置支付密码以及保护个人隐私信息。

第五章　银行卡——小卡大世界

银行卡对我们每个人来说并不陌生，我们很多人都会有好几张银行卡。在领取自己辛勤工作的薪水，在商场购物时通过刷卡进行结账，通过高速收费站时使用 ETC 付款，需要现金时通过银行卡取款等场景中，常常会出现银行卡的身影。银行卡已经成为我们生活的重要工具。

第一节　丰富多彩的银行卡

银行卡是由银行机构发行的具有消费信用、转账结算、存取现金等全部或部分功能作为结算支付工具的各类卡的统称。银行卡其实是银行账户的一种体现形式，无论是借记卡还是信用卡，一定都会在银行对应一个账户。但是银行卡却不仅仅是账户，围绕银行卡，银行机构构建了一套完整的权益、品牌和服务体系。

1. 银行卡的分类

银行卡的种类非常丰富，针对不同消费者的需求，有不同功能和种类。

（1）按是否具有授信额度分类

①借记卡

借记卡是指发卡银行向申请人签发的，没有信用额度，不能透支，持卡人先存款、后使用的银行卡。借记卡与结算账户直接关联，可以通过网上银行、POS 机消费、ATM 转账和提现的方式，实现相应金额实时从持卡人账户中扣划。借记卡不能透支，存多少用多少，卡内的存款计算利息。

②贷记卡

贷记卡也称信用卡，是银行向申请人发行的一种具有消费信贷功能的银行卡，其特点是持卡人无须担保或抵押便可获得一定的信用额度，持卡人可在信用额度内先消费后还款。信用卡的信用额度可以循环使用，卡内的溢缴款不享受利息。

③借贷合一卡

少数银行还发行了借贷合一卡，它将借记卡和贷记卡的两个账户整合在一张卡里，具备一卡双账户的功能，既具有存取现金、转账结算等功能，又可享受透支消费、分期付款等功能。

（2）按信息载体不同分类

①磁条卡

磁条银行卡，是以磁性载体（多称磁条）为介质的银行卡，磁条用来记录银行卡数据信息，标识持卡人身份。在读取卡内数据时，通常使用POS机以刷卡形式完成，因此使用银行卡消费这一过程也被称为"刷卡"。

②金融 IC 卡

金融 IC 卡（Integrated Circuit Card），即芯片银行卡，是以集成电路芯片作为介质的银行卡。芯片卡具有写入数据和存储数据的能力，可对芯片卡存储器中的内容进行计算和校验。在受理芯片卡时，往往是将卡片插入 POS 机或 ATM 中，即"插卡"。

📖 知识拓展 15：磁条卡与芯片卡的比较

磁条卡特点是使用方便，造价便宜，但保密性和安全性较差。磁条的内容是被动读取和擦写的，就像软盘或者磁带一样，只要有读卡器，就可以把磁条的内容读出来，然后原样写入另一张磁条卡，就可以很容易地进行复制。当然，这样仅仅是复制了卡，如果要用这张卡消费或者提现，还必须掌握卡的密码才行。

芯片卡不同于传统磁条卡，主要具有以下特点：一是安全性高，芯片卡保密性高，难以伪造；二是一卡多用，存储容量大，可以扩展多种功能；三是快捷便利，可以拓展电子钱包功能，支持非接触式快速支付，即所说的"闪付"、"挥卡"；四是耐用性好，不易磨损。

为什么说芯片卡比磁条卡更安全呢？首先，安全芯片作为芯片卡的重要硬件载体，可以控制芯片卡内某些区的读写特性，如果试图对这些区域解密，卡片会锁定，从而保证卡内数据的存储环境安全。其次，卡上芯片含微处理器，即通电后可以运行卡片上的操作系统，可以独立完成数据认证过程。再次，卡内的数据加密后不可复制，密码核对错误，卡本身也有自毁功能，所以芯片卡中的数据安全可靠。最后，数据认证包含动态数据认证和静态数据认证，分别基于卡内数据与终端进行数据交互，从而防止伪卡交易和部分欺诈交易的发生。

在有条件的情况下，应尽量办理芯片卡。根据中国人民银行 2011 年发布的《关于推进金融 IC 卡应用工作的意见》要求，2015 年 1 月 1 日起，在经济发达地区和重点合作行业领域，商业银行发行的、以人民币为结算账户的银行卡应为金融 IC（芯片）卡，全面取代磁条银行卡。

③磁条芯片复合卡

复合卡是既加载了磁条又有芯片嵌入的卡片。为提高银行卡交易的安全性，避免磁条信息被复制产生伪卡盗刷等风险，国际芯片卡标准化组织和金融机构在全球范围内大力推广从发行和使用磁条卡迁移到发行和使用芯片卡。在过渡期内，部分银行发行了芯片磁条复合卡，当芯片不能工作时，可降级为磁条卡使用。

(3) 按账户结算币种不同分类

①单币卡

单币卡指银行卡中只有一个币种的账户，交易时只能以一个币种来进行结算。

人民币卡。人民币卡中只有人民单币账户，只能用人民币进行交易及结算。

外币卡。外币卡只能用约定的外币进行交易及结算。这里要注意的是，有且仅有银联标识的卡也可能是外币卡，例如银联欧元卡、银联日元卡，这种卡有银联标识，但不是人民币卡，它代表的意思是这张卡可以在银联的网络使用，银联网络延伸至欧洲、日本，所以这个地区才会发行银联标识卡。

由于国际卡组织可为美元提供与全世界各种货币的兑换服务，所以美元单币卡也可以在任意国家消费，但需要以美元进行结算，在非美元地区消费时，消费金额会按国际卡组织的结算率转换成美元，转换时会产生 1.5%～2% 的货币转换费。持卡人信用卡账单上显示美元金额，持卡人可选择直接用美元进行还款，或者根据发行机构的汇率用人民币购汇还款。

②多币卡

多币卡内设两个或两个以上币种的账户，如包含人民币、美元、欧元、港元、英镑、日元账户等，持卡人在不同的国家及地区消费时，可以当地货币入账。假设多币卡中设置了英镑账户，那么在英国消费时，就可以直接以英镑入账，还款时可选择还人民币或直接还英镑。这样，整个过程中就不会产生货币转换费了。

（4）按卡组织数量分类

银行卡卡面上的卡组织标识代表该张卡可在覆盖有该组织的网络中使用。例如，具有"银联"标识的卡可以在全世界各地接入"银联"网络的 ATM 或 POS 机上使用。

①单标卡

单标信用卡和双标信用卡最简单的区别就是信用卡上有几个卡组织标志，如果只有一个卡组织的图标，那就是单标信用卡。目前我国国内使用的大部分信用卡都是单标信用卡，以银联卡为主，卡号以 62 开头，只能在具有"银联"标识的 ATM 或 POS 机上使用。近年来新发行的芯片信用卡，基本为单标卡。

在国际上，信用卡基本都是单标卡，就是一个信用卡对应一个卡组织，就像我们使用的手机号码一样，只属于联通、电信或移动其中一家运营商。

②双标卡

看到信用卡有单标卡和双标卡的区别，大家可能会有疑问，既然都是信用卡，为什么要分单标和双标呢？实际上双标卡是我国特有的一种产物。在2002年银联成立前，Visa等国际卡组织巨头就已经进入中国，与国内商业银行合作发行信用卡。但是这些国际卡组织并没有获得我国的清算牌照，只能以外币记账，在境外实体商户或境外网络商户使用，境内使用范围仅限于符合外汇管理局规定下的还款等业务。当时刚成立的银联为了拓展更多的国际市场，国际卡组织为了获取国内客户，两方选择合作推出双标卡。

双标卡同时支持两个卡组织进行结算，比如"银联"加"Visa"双标卡，我们在国内刷卡的时候直接通过银联系统以人民币进行结算，但在国外一些未与银联合作的商户进行刷卡的时候，往往需要通过Visa支付系统进行结算。双标卡其实就是同时具有人民币和美元账户的双币卡。国内发行的双标卡多为"银联"加"Visa""MasterCard""JCB"或"American Express"等标志，可在具有这些标识的ATM或POS机上使用。

在2016年，我国正式停止发行双标卡，在使用中的双标卡可以正常使用，但到期之后必须换成单标卡，如果大家想继续在境外使用，那就只能同时办理一张国内的单标卡和一张境外的单标卡。

通过上述的介绍，我们知道，银行卡的类型和功能非常丰富。我们在申请银行卡的时候，要了解不同类型银行卡的功能，根据自己的实际需要选择适合自己的银行卡。

2. 银行卡的主要功能

（1）**储蓄、存取款**。储蓄是银行卡特别是借记卡的基本功能之一，持卡人可在银行网点柜台或自助机具上存取现金，方便持卡人灵活管理卡内资金。

（2）**汇兑功能**。银行卡具有转账、汇款和货币兑换等功能。持卡人可以通过柜台、互联网、手机、ATM 等渠道办理各种转账汇款业务，还可以在境外国家和地区持银行卡，在发卡银行的合作伙伴处兑换当地的货币。

（3）**交易支付**。持卡人可持卡在受理银行卡的营业场所进行购物消费，免去了携带现金的不便。持卡人主要在实体商户 POS 机上使用银行卡进行支付。随着计算机网络等信息技术的发展，银行卡的支付方式更加多样化，并趋于数字化。

（4）**信贷功能**。发卡银行会给信用卡持卡人一定的信用额度，持卡人可以在信用额度内自由消费，帮助客户解决流动资金短缺，提高即期消费能力。

（5）**综合服务功能**。银行卡具有代收代付功能，能方便客户自助或自动缴纳水、电、煤气费等各类费用；一些银行卡具有增值服务功能，可以享受积分、奖励、折扣等优惠服务；还有一些银行卡提供特色商品服务，方便持卡人以较低价格享受相关产品和服务。

📖 **知识拓展16：银行卡卡面标识全知道**

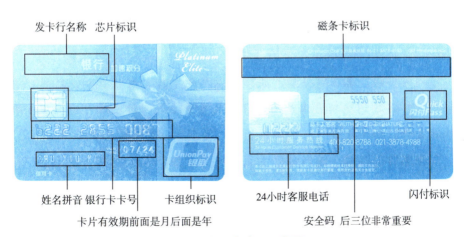

图 5.1　**银行卡卡面示意图**

发卡行名称。表示该卡片所属的发卡银行。目前国内有十几家全国性银行，还有很多区域性银行和外资银行都具备发卡资格。

银行卡卡号。我们生活中常见的银行卡分为两种，一种是普通的借记卡，它是由 19 位编码组成的；另一种则是我们常说的信用卡，它一般是由 16 位编码组成的。银行卡卡号前六位为 BIN 号，即银行标识代码，由银行卡组织向 ISO（国际标准化组织）申请并分配给发卡银行。其中 BIN 号"62"开头的为银联卡，"4"开头的为 VISA 卡，"5"开头的为万事达卡，"35"开头的为 JCB 卡，"37"开头的为美国运通卡。

通过前六位数字我们就能确定此卡是哪个银行发行的以及此卡的类别。比如 622525，是指平安银行，此卡为人民币信用卡金卡。第一位数字或者前两位数字，一般代表的是不同的发卡机关。比如"62"开头的是中国银联；"4"开头的是 Visa 卡。第 7 位到第 9 位数字则表示此卡办理的所在地，比如 622848029 是潍坊的。另外除了前六位的 BIN 码以外，其余的编码一般为银行的自定义编码，只要保证此卡的唯一性就行。卡的最后一位编码一般为银行卡的校验码。

卡组织标识。卡组织（转接清算机构）品牌标识一般在银行卡卡片正面的右侧，这些不同的标识代表不同的银行卡品牌，表明该银行卡的发卡银行是该品牌对应的卡组织或公司的成员单位。卡组织（转接清算机构）是负责建设和维护银行卡跨行网络并提供信息转接和资金清算服务的专门机构。目前世界主要卡组织包括：Visa、MasterCard、American Express、JCB、Discover 及中国银联。

闪付标识。银联非接触产品标识。凡是卡片上有该标识，就可以在贴有该标识的 POS 机具上使用。目前在很多地区闪付已经可以实现小额快捷支付，如在菜市场、自助售货机、停车场、火车等场景应用。

全息防伪标识。国内银行卡主要使用"银联"全息防伪标识。"银联"全息防伪标识主景为天坛图案，背景为水平排列的双色汉字"银行卡联合"。

电子现金标识。UP Cash 是银联定义的用于脱机小额支付的 IC 卡交易标识。电子现金账户根据人民银行规定上限为 1000 元，目前不可挂失。

持卡人姓名。此处为该卡片持卡人姓名全拼，部分信用卡还会标注持卡人性别，如：MR. KAKA。

有效日期。信用卡上会印有有效日期，有效期一般为 3 年到 5 年。信用卡有效期一般在卡号的下面，由两组数字和斜杠组成，格式为：月份/年份。比如，有效期为 05/23 表示这张信用卡有效期到 2023 年 5 月。如果在到期日前持卡人没有注销卡片，银行一般会根据持卡人的信用额度补寄一张新卡，卡号维持不变。

签名栏。签名栏是持卡人预留签名的地方。在发生卡片盗刷情况时，如持卡人设定的交易方式为"签名"，而签名条上的签名与签购单上的签名不一致，则持卡人可申请追回该笔损失。如设定的交易方式为"签名＋密码"，如密码泄露，即使签名不符，持卡人也需自行承担盗刷损失。

客服电话。此处会填有卡片所属银行客服电话，持卡人可拨打此电话来进行业务咨询。

卡片验证码。卡片验证码通常是印刷在信用卡上面的 3 或 4 位数字，一般被用于非现场支付校验卡片安全的，证实付款人在交易时是拥有该信用卡的，从而防止信用卡欺诈。为确保安全，建议在牢记号码后将其贴住或者用刀片刮掉，以免卡片信息被不法分子获取，造成资金损失。

📖 知识拓展 17：银行卡的起源

第一张信用卡的诞生：最早的信用卡是商业信用卡。1950 年春，Diners Club（大莱俱乐部）与纽约市的 14 家餐厅签订了受理协议，并向一批特定的会员提供一种能够证明身份和支付能力的卡片——Diners Card（大莱卡），会员凭此卡可以在餐馆实行记账消费，再由大莱公司做支付中介，延时为消费双方之间进行账务清算。大莱信用卡公司由此成为世界上第一家信用卡公司。

第一张银行信用卡的诞生：1952 年，美国加利福尼亚州的富兰克林国民银行开始发行信用卡，这是金融机构首次进入信用卡发卡领域，由此拉开了银行发行信用卡的序幕。1958 年 9 月，美国银行给加利福尼亚州费雷斯诺市几乎所有的家庭寄去了名为美国银行卡的信用卡，共 6 万张左右。这是银行卡发展史上第一次大规模的营销，被称为"大投递"。许多家庭开始使用美国银行卡来赊购商品，信用卡从此走进了人们的生活。

第一张借记卡的出现：20 世纪 80 年代，随着信息技术的发展，为了降低网点服务成本，许多商业银行大力发展自动提款机（ATM）。ATM 网络的发展催生了电子存折——现金提款卡，这便是最早的借记卡。随着基于银行卡完成的支付在零售业的普及以及计算机网络技术的发展，借记卡的应用开始从 ATM 取款扩展到商店消费支付。

第二节　银行卡业务运转模式

在日常生活中，我们在商家购买商品，通过在店内 POS 机刷卡支付，简单方便。但在这操作的背后，资金是怎样运转的？我们银行卡里的钱是怎样支付到商家账户中的呢？其实，在每一笔支付的背后，都有很多专业机构在提供一系列的支持服务。

每一笔银行卡交易中的参与者有：持卡人、发卡银行、商户、收单机构、银行卡组织（清算机构）。银行卡产业链的主要环节包括银行卡的发行、银行卡的受理（收单）及银行卡清算三大部分。其中，发卡机构发行银行卡，并为持卡人提供服务；收单机构为商户提供收单服务；银行卡清算机构直接为发卡机构和收单机构提供转接清算服务。一个完整的银行卡市场结构如图 5.2 所示。

持卡人。即银行卡持有人，持卡人可使用银行卡支付购买商品或服务，或通过银行的网点及自助设备支取现金。

特约商户。指接受银行卡支付的商家，需要满足清算机构以及收单机构的资格标准。商户与收单行签订关于接受银行卡作为付款方式的文字合同，商户要遵守合同的条款。

银行卡发卡机构。负责审核和批准持卡人申请并发卡，接收与支付来自清算组织的交易，向持卡人索要已支付的款项。

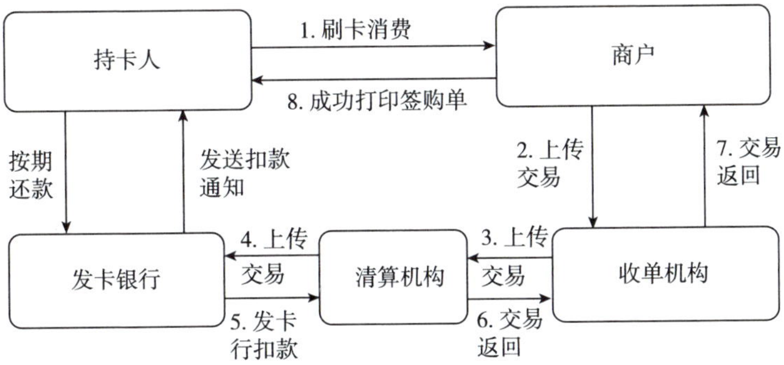

图 5.2　银行卡交易流程示意图

银行卡收单机构。主要负责特约商户的开拓与管理、授权请求、账单结算等活动，其利益主要来源于商户回佣、商户支付的其他服务费。

银行卡清算机构。又称为银行卡组织指为发卡机构和收单机构提供其品牌银行卡的机构间交易处理服务，协助完成资金结算的活动。

1. 银行卡的发行

借记卡申办只需要客户持本人有效身份证件到银行网点现场申请，如符合条件，即可完成办理，当场领卡。

申办信用卡，除了需要提供基本的资料，如申请表和身份证件以外，一般还需要提供其他资料证明还款能力。

2. 银行卡的受理

银行卡收单业务指 POS 收单业务，即收单机构与特约商户签订银行卡受理协议，在特约商户按约定受理银行卡并与持卡人达成交易后，为特约商户提供交易资金结算服务的行为。

银行卡收单业务由收单机构负责开展，收单机构在特约商户、自助设备、柜面网点、互联网和移动终端等渠道为持卡人提供银行卡受理服务，按受理渠道划分，主要包括 POS 机收单、ATM 等自助设备收单、互联网收单和移动支付收单等。

收单机构既包括商业银行，又包括非银行类收单机构。在我国，非银行类收单机构须持有中国人民银行发放的《中华人民共和国支付业务许可证》才可开展收单业务。

📖 知识拓展18：为卡而生——银行卡支付受理终端介绍

支付受理终端是由商业银行或支付机构布放在商业网点或特约商户处的受理机具，能够获取用户的账户信息，具有通讯功能，并接受操作人员的指令而完成交易信息和有关信息交互的设备。银行卡受理终端主要包括POS机受理终端和ATM受理终端。

银行卡销售点（POS机）终端

传统POS机技术受到各种限制，如涉及终端支持、通信报文等升级工作十分烦琐；对非标准金融类业务的扩展性支持较差；终端互动性较差，操作不便。因此，为了满足商户越来越多的需求，智能POS机应运而生。

智能POS机的应用模式包含了传统的POS机交易功能，还囊括了受理闪付、条码、会员管理功能、营销管理、数据挖掘等应用，甚至是第三方技术开发以及各种便民服务等。相较于传统POS机着力满足了C端非现金支付的需要，智能POS机更注重带给B端客户的用户体验以及建立和加深B端同C端的深度关联。

一般地，持卡人在收银人员的协助下完成刷卡、插卡、挥卡等操作，在终端获取到卡中账户信息后，连同持卡人PIN（交易密码）、交易金额、商户信息等信息按照相应格式进行数据处理和排列组合，生成交易报文，并通过终端所支持的通讯方式与收单后台进行信息交互。

POS机终端自身具有安全芯片、防拆机、防入侵等硬件防护机制，也具备终端自检、固件更新、密钥安全存储等软件安全防护，同时POS机终端在数据传输时使用了安全的开放协议，可以实现从支付交易的前端保证整个交易过程的安全，并为持卡人提供安全、可靠的交易环境。

银行卡自动柜员机（ATM）终端

银行卡自动柜员机（ATM）终端是一种高度精密的机电一体化装置，可以使用磁条卡或 IC 卡实现金融交易的自助服务，代替银行柜面人员的工作。可提取现金、查询余额、进行账户之间资金划拨等工作。还可以进行现金存款、存折补登、中间业务等工作。持卡人可以使用信用卡或储蓄卡，根据密码办理自动取款、查询余额、转账、现金存款等业务。

银行卡自动柜员机（ATM）终端从结构上主要由三大模块组成：主机（核心）、密码键盘、读卡器模块。由主机端发起交易，读卡器模块识读持卡人卡片信息，密码键盘获取持卡人 PIN 数据，结合金额等交易信息进行报文组包，利用主机与后台之间的通讯接口实现与后台之间的信息交互，完成交易。

通常情况下，自动柜员机的三大模块是由不同的厂商生产，最后进行集成后组成完整的设备。这就需要确保各个组件自身的安全性以及集成后不会带来新的安全风险。

随着移动支付和生物识别技术的不断更新，为了迎合用户多种多样的新需求，ATM 也增加了如条码取款、人脸识别、无卡取款等模块，实现越来越多功能的创新。

3. 银行卡的清算

在银行卡发展初期，开展银行卡业务的机构一般自己发卡、自己收单。随着银行卡业务的发展，为了实现资源共享同时避免使用其他银行卡品牌的卡片，发卡机构之间通过设定业务标准在支付卡体系层面开展合作，组建银行卡协会。协会会员间同意实现各自系统"联网通用"。这样，一个银行的持卡人可以在银行卡协会中任何一家会员签约的商户进行消费，从而产生跨行交易。

随着参与机构的不断增加、商户签购单的增长，大量的交易需要有专门的机构负责建设和维护银行卡跨行网络并提供信息转接和资金清算服务，这类机构通常称为银行卡清算机构，或卡组织。

转接清算服务是指，银行卡清算机构通过建立和维护跨行信息交换网络，向会员提供支付信息交换和清算服务。银行卡持卡人用卡消费或缴费后，清算机构负责银行与银行、银行与受理卡片的商家之间的资金结算、转账的过程。目前，我国银行卡清算机构是中国银联，全球性转接清算机构主要包括 Visa、MasterCard、American Express、JCB、Discover 及中国银联。

第三节　信用卡

信用卡在扩大居民消费、促进经济增长、降低社会交易成本、促进商品流通等方面都发挥着重要而积极的作用。近年来，商业银行通过创新信用卡产品、优化用卡环境、丰富产品功能、提升用卡服务，不断满足持卡人便捷支付的需求，有效促进了居民消费增长。

1. 信用卡的特点

信用卡作为一种独特的个人消费信贷工具和支付工具，其申请和使用与借记卡有很大的不同。信用卡的信用额度可以循环使用，在规定期限内全额还款即可免付利息，也可以在支付利息的前提下，只偿还最低还款额，在支付一定手续费后，分期偿还透支消费（即分期还款功能）。

除此以外，持卡人还可以从 ATM 上直接提款（即预借现金功能），但持卡人预借现金一般不享受免息期，通常还需支付手续费。申请信用卡需要符合相关的要求，一般银行会根据每个人的信用状况给予不同的额度。

（1）不需要存款即可透支消费，并可享有 20～56 天的免息还款期，免息期内还款不收取利息；但若持信用卡取现，大部分银行会收取手续费，还会按天计算利息。

（2）持卡消费可以累计积分，在银行的特约商户消费还可享受折扣优惠。

（3）持卡消费可积累个人信用，在个人征信系统中增加诚信记录。

（4）可办理附属卡，适合夫妻共同理财，或掌握子女的财务支出。

2. 信用卡的申请

发卡银行决定是否发卡，需要综合考虑申请人的还款意愿、还款能力等因素。因此，客户申办信用卡，除了身份证件以外，通常还须提供其他资料证明还款能力，如薪资所得证明、存款证明、房产证明、学历证明等。申请等级越高、透支额度越大的信用卡，银行对申请人的审查要求通常会越严格，需要客户提供的资料可能越多。

值得注意的是，按照信用卡办理的相关规定，金融机构必须执行亲见本人、亲见原件、亲见本人签字的"三亲见"制度。所以，在办理信用卡时一定要通过银行正规渠道，不要通过中介机构或他人转交申请，以免信息泄露或未来合法权益不能得到保障。

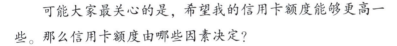

知识拓展 19：信用卡的额度

可能大家最关心的是，希望我的信用卡额度能够更高一些。那么信用卡额度由哪些因素决定？

信用卡发卡机构在收到持卡人申请后，会通过多种工具对持卡人的信用状况进行评估，一般包括政策性排除、资料核实、征信、信用评分、审批等环节。近年来，发卡机构与征信公司或其他拥有数据资源的公司合作，借助大数据分析等技术，扩大了发卡范围、提高了信用审核精准度。在信用评估基础上，发卡机构批准或拒绝持卡人的申领，并根据授信规则为获批的信用卡确定可供循环使用的信用额度。

如果信用记录良好，一般发卡银行通常会隔一段时间调高信用额度一次。持卡人也可以主动向发卡银行提出调整额度的申请。例如，遇到大宗消费或者出国旅游等情况，预算超出现有的信用额度，持卡人可以致电发卡银行的客服热线，提出临时调高信用额度的申请，发卡银行审核评估后作出答复。

3. 信用卡的使用

(1) 信用卡的激活启用

银行一般以挂号信或快递的方式寄送信用卡。用户收到信用卡后，需通过电话或网上银行等渠道进行卡片激活启用。

目前，多数银行还提供线上申请、线下激活的方式申办信用卡，即客户可通过银行官网、个人网银、手机银行或微信银行等线上渠道申请信用卡，然后在可选区域内选择办理信用卡激活的网点。在收到信用卡后，客户携带身份证及证明材料前往选择的营业网点进行激活。

(2) 搞清楚信用卡的账单日、还款日、免息期

持卡人使用循环信贷进行消费支付时，发卡机构一般会提供一定的免息期，如果超过免息期持卡人未全额还款，发卡机构会按照资金使用额向持卡人收取利息；持卡人使用信用卡分期付款或预借现金，持卡人通常需要为此支付利息。

信用卡有两个日期比较重要，一个是账单日，一个是还款日。账单日是每月固定的，以账单日为标准，到期还款日为账单日后的 20 或 25 天（根据各银行规定）。免息期指持卡人在到期还款日（含）之前偿还全部应还款额，可享受免息待遇的消费交易自银行记账日至到期还款日之间的时间段。

例如：账单日是每月的 1 日，还款日是每月的 25 日。如果 5 月的账单日当天即 5 月 1 日消费了 2000 元，因为银行新的计账日是从次日即 5 月 2 日开始，也就是在本期账单日之后。这样这笔 2000 元的消费肯定是来不及出现在 5 月 1 日发的账单上的，所以你 5 月 1 日当天的消费将最可能出现在 6 月 1 日的账单上，最迟可以 6 月 25 日还款，这样算起来就有 56 天的免息期。

可是如果你是在 4 月 30 日刷了 2000 元，那么这笔消费记录将出现在 5 月 1 日的账单上，最迟到 5 月 25 日就要还款，不过是早刷了 1 天免息期就只有 25 天了。

（3）分期付款业务

分期付款业务是银行向银行卡持卡人提供的一种消费服务，允许持卡人用信用卡使用分期额度进行大宗消费，由银行向商户一次性支付所购商品或服务的消费金额，持卡人分期向银行还款。分期付款有很多类型，与银行卡业务关系最为紧密的是商户（POS）分期和账单分期。

商户（POS）分期。银行选择有一定知名度的商户，这样产品质量及售后服务都有保证。银行还可选择持卡人最可能有大宗支出的商户产品。例如家庭装修、旅游、美容、健身器材、培训学校等。持卡人到银行指定的特约分期商户直接挑选分期商品，结账时，收银员将会按照持卡人要求的期数（如 3 期、6 期、12 期等，少数商户支持 24 期）在专门的 POS 机上刷卡即可。

账单分期。持卡人在收到账单后，可对账单上的还款金额部分或全额转为分期。对于账单分期而言，分期商品不再受限制，持卡人可以自行选择，分期期数可以自行选择，分期申请方便简单。但是账单分期不能免手续费。所分的期数越长手续费越高，而且全部要由持卡人自己承担。

风险提示 5：合理使用信用卡，切勿过度消费

当前，信用卡支付已经成为人们生活中不可或缺的支付方式，越来越多的消费者借助信用卡解决日常生活中遇到的消费补缺和资金支出问题。信用卡有时候对我们确实有很大的帮助，特别是在经济遇到困难的时候，可以用信用卡帮我们暂时渡过难关，还能享受各种商品折扣，刷卡消费赚的积分还可以兑换礼物。

然而，信用卡是一把双刃剑，用的好可以解决燃眉之急，如果用不好立刻能变成高额的负债。近年来，年轻消费群体消费理念转变，超前消费意识和意愿越来越强烈，一部分持卡人为了满足自己的消费欲望，

不断透支信用卡，最终导致还款逾期，个人信用受到影响，有些年轻人甚至因为信用卡负债太多而无法自拔。

倘若信用卡还款已逾期，即持卡人连当期应还的最低还款额都没有还上的话，就会影响个人征信了。人民银行的征信系统中会记录持卡人逾期次数、金额等信息，并会保存 5 年。一旦产生了不良信用记录，持卡人以后申请房贷、车贷会受影响甚至被银行拒贷。

♠风险提示6：自觉抵制并投诉商户转嫁刷卡手续费

一些消费者在刷卡消费时，可能会遇到商家或电商平台要求消费者支付刷卡手续费的情况。根据中国人民银行《关于促进银行卡清算市场健康发展的意见》"收单机构应根据协议约定并督促特约商户不得向消费者转嫁或变相转嫁银行卡刷卡手续费"及《关于持续提升收单服务水平 规范和促进收单服务市场发展的指导意见》"收单机构不得向使用特定支付方式的消费者转嫁或变相转嫁收单机构收取的服务费"的规定，特约商户不得向用户转嫁信用卡刷卡手续费。

如果消费者在使用信用卡进行付款时，碰到需要额外收取刷卡手续费的情况，可以向中国支付清算协会或当地人民银行进行投诉或者举报，以维护自身正当权益。

（4）信用卡还款

信用卡为生活和消费带来了便利性，但如果没有按时还款、造成逾期的话，将影响到持卡人的征信记录。信用卡还款的方式有很多，选择简单、便捷的方式可以大大减轻还款的时间成本，降低因为大意而形成逾期的概率。

柜台还款：在信用卡发卡银行的柜台进行信用卡还款，这是很传统的信用卡还款方式，因为很耗时，使用的人已经很少了。

ATM 还款：主要指是在发卡银行的 ATM 中往信用卡里存钱，但是ATM 一般只能存入整百的人民币，不够灵活。

自动关联还款：指信用卡绑定借记卡还款，每月由银行在还款日自动从绑定借记卡中扣款。自动还款是信用卡所有还款方式中最省时、省心的。不过，习惯使用自动还款业务的持卡人，应留心绑定借记卡中的余额，以免余额不够导致扣款失败的情形。

自助机具还款：一些超市、商场布放有自助还款设备，使用任意银行借记卡就能为信用卡还款。

网络还款：发卡银行官网一般都是支持信用卡还款的，通过网上银行在线转账还款，并且不需要支付任何的手续费。同时，随着移动支付的兴起，通过支付宝、微信钱包、手机银行 APP、发卡银行微信公众号等工具，都可以进行信用卡还款。

随着大数据不断被运用到银行的风险管理中，我国的信用体系正在不断逐步健全和完善，个人信用将在我们的生活中发挥越来越重要的作用，按时还款尤为重要。

第四节　使用银行卡要注意什么

1. 正规渠道申领银行卡

通过正规渠道申请银行卡。不通过"办卡中介"申办信用卡，谨防"黑中介"留存您的个人信息，防止被犯罪分子利用您的身份信息办卡。

使用芯片卡。芯片卡的安全性远高于磁条卡。因此建议您尽快将手中磁条卡升级为芯片卡。刷卡购物优先使用芯片卡。

2. 保护好银行卡信息

不要泄露银行卡信息。银行卡信息是指银行卡的卡号、密码、有效期、卡背面签名栏上后三位数字（信用卡卡片验证码）、手机号等个人信息。这些信息万一落到骗子手中，他就能盗刷你的银行卡了。因此，不要告诉他人银行卡卡号、有效期、卡片验证码、短信验证码等重要支付信息。

保护好密码信息。一是要设置复杂密码。不要使用生日、身份证、门牌号、电话号码、简单数列（如 666666）等易于被猜测的数字做密码，不定期修改银行账户密码。二是查询密码尽量不要与交易密码设置相同。三是不要将银行账户和密码等信息储存在联网的计算机、手机、电子邮件，以及容易被不法分子窃取的地方。四是任何人、任何机构无权知道持卡人本人的密码，可拒绝任何企图索取银行卡密码的要求，谨防不法分子冒充银行和公安机关工作人员骗取密码。

3. 持卡交易注意安全

持卡消费总体是安全的。但是作为消费者，在一些环节和场景中，也要注意安全。

一是在刷卡消费的环节，不要让卡片离开自己的视线范围，留意收银员的刷卡次数；认真核对签购单上的金额是否正确，卡片是否为本人的卡片，确认无误后方可签名，切勿签署金额空白或填写不完整的签购单；刷卡消费时若发生异常情况，要妥善保管交易单据。

二是在 ATM 等自助设备操作场景中，要留意插卡口是否有改装的痕迹；在 ATM 上查询、取款、转账或修改密码时，请留意 ATM 上是否有额外装置，输入密码时应尽量遮挡操作手势，以防不法分子窥视，被其他人引开注意力时，应用手捂住插卡口，防范卡被掉包，存取款交易应避免遗留现金，操作结束应及时取回卡片并妥善保管；自助设备出现吞卡故障时，不要轻易离开，可在原地拨打客户服务热线进行求助，避免被不法分子转移注意力，掉包银行卡。

三是在网上购物的场景中，要在安全的互联网和通讯环境正常情况下，用卡消费。网上购物时，不要随意点击不安全链接、悬浮窗口、电子邮件及短信等渠道提供的网站或支付链接，支付完毕后请及时退出。认真识别银行公告真伪，千万不要相信要求客户将钱转到指定账户的公告，发现此类公告应尽快向银行举报。

4. 开通短信提醒服务

关注银行发送的服务短信：开通账户余额变动短信提醒服务；若收到提示办理业务的短信，要仔细核实短信中的业务类型是否符合真实情况；一旦发现异常交易应及时联系发卡银行进行查询、提出止付。

知识拓展20：如何防范信用卡被盗刷

银行卡盗刷一直以来都是人们关注的热点问题，特别是出国刷卡消费，回国发现自己的银行卡在国外被盗刷。一旦盗刷出现，可能会给持卡人带来巨大的财产损失。那么，在日常用卡时应注意哪些事项来防止银行卡被盗刷呢？

首先，一定要去正规的银行网点开办借记卡或信用卡，不要轻易将个人资料交给亲朋好友代办，必要时，在复印件上注明使用用途。特别是一些违法"代办公司"，打着可以代办信用卡的幌子，可能将客户填写的重要个人信息和银行卡信息转售给他人。

其次，要做到不在非正规的商铺刷卡，不随便代刷，保证银行卡在视线范围内。输入密码时要注意遮挡，防止被偷窥。刷卡凭证、签购单等也要谨慎保管或者及时销毁。对于一些废旧或者过期的银行卡，要及时办理销户业务，并将卡片磁条损毁，不随意丢弃。持卡人还要避免租借个人银行卡和网银U盾等账户存取工具，以免造成经济损失。

再次，电子邮箱、账单地址、电话信息如有变动，应当及时联系银行，一是避免因信息未达贻误；二是可确保账户涉险时，银行能第一时间联系到持卡人，避免或降低损失。

一旦发现银行卡被盗刷了，应在第一时间给发卡行打电话，告知客服该卡被盗刷了，然后要求银行止付并申请冻结该卡，这样可以避免盗刷损失进一步扩大。同时，马上持银行卡到附近的柜员机做查询、存取等操作，这样可以用固定电子证据来证明银行卡和本人在一起，发生盗刷时银行卡和本人均在本地，不可能同一时间在异地刷卡消费。

最后，还应及时向公安机关报案，详细陈述被盗刷情况，留好报警回执。这也是为了证明银行卡仍由本人妥善保管，盗刷消费并非本人所为。在完成上述步骤后，应迅速与涉事银行联系，主动沟通后续赔偿事宜。

5. 卡片丢失怎么办

日常生活中，由于银行卡使用起来很方便，大多数人都会随身携带，如果不小心将银行卡丢失或者被盗，持卡人要在第一时间拨打银行客服热线口头挂失，及时冻结卡内的资金，然后再到银行柜台办理书面挂失，不然可能给持卡人带来不可估计的损失。

挂失一般分为口头挂失和书面挂失。口头挂失一般通过拨打发卡银行的客户服务电话办理，部分银行对于电话口头挂失生效前只协助防范，不承担任何损失，并且口头挂失超过规定时间后会自动解除。书面挂失是正式挂失，您可亲自到发卡银行营业网点办理，或按照银行的相关规定通过其他方式办理。如银行同意委托他人办理，办理时应携带持卡人委托书和相关委托证件。

在办理挂失后，需注意挂失生效时间和账户的资金变动情况。不在发卡银行所在地发生卡片丢失的，需及时在指定网点办理挂失，同时部分发卡银行还可以根据您的要求给予适当的紧急取款服务。

📖 读书笔记

1. 银行卡是由银行机构发行的具有消费信用、转账结算、存取现金等全部或部分功能的作为结算支付工具的各类卡的统称。

2. 银行卡的产品非常丰富。按是否具有授信额度，银行卡可分为借记卡和信用卡；按信息载体不同，银行卡可分为磁条卡、芯片卡（IC卡）和磁条芯片复合卡；按账户结算币种不同，银行卡可分为单币卡和多币卡；按卡面上卡组织标识的数量，银行卡可分为单标卡和双标卡。

3. 银行卡功能包括：储蓄、存取款、汇兑、交易支付、信贷、综合服务功能等。

4. 银行卡交易中的参与者有：持卡人、发卡银行、商户、收单机构、银行卡组织（清算机构）。银行卡产业链的主要环节包括：银行卡的发行、银行卡的受理（收单）及银行卡清算三部分。

5. 使用银行卡时要注意：在正规渠道申领银行卡，保护好银行卡信息，持卡交易注意安全，要开通短信提示，卡片丢失要及时挂失。

第六章　预付卡——生活好帮手

在日常生活中，大家可能都用过预付卡，卡里面预存资金，可以在指定的商家消费。预付卡的产生和发展顺应了企业商业信用发展的需要，也满足了广大消费者小额、便利的支付需求，有助于减少现金的使用。

第一节　什么是预付卡

1. 预付卡的内涵和分类

国际清算银行发布的《电子货币发展报告》将预付卡定义为一种具有预付和储值功能的电子货币产品，该产品用于记录消费者能够使用的资金金额，并协助消费者完成交易支付。

预付卡由发行机构发行，体现了持卡人作为消费者对发行机构享有的债权。一方面，预付卡只能购买商品服务，不能储蓄、投资或理财。另一方面，预付卡是一种支付工具，可以在特定情况下，按照商品的名义价格，代替货币进行支付，其实质不是货币，而是一种货币替代物。

在我国市场上，根据发卡主体的不同，分为两种形式的预付卡，即单用途预付卡与多用途预付卡。

人民银行、监察部等部门联合印发的《关于规范商业预付卡管理意见的通知》指出，"商业预付卡以预付和非金融主体发行为典型特征，按发卡人不同可划分为两类：一类是专营发卡机构发行，可跨地区、跨行业、跨法人使用的多用途预付卡；另一类是商业企业发行，只在本企业或同一品牌连锁商业企业购买商品、服务的单用途预付卡"。

单用途预付卡只可用于购买发卡人提供的商品及服务，不得跨法人使用。市场上多以超市购物卡、商场购物卡、通信运营商缴费卡等形式存在，在目前国内预付卡市场中占有相当大的比例。单用途预付卡的监管部门是中国商务部。

多用途预付卡是以特定载体和形式发行的、可跨行业、跨法人使用的预付卡。多用途预付卡的优势在于跨法人机构和多渠道的支付能力。预付卡的受理渠道越多，支付能力越强，使用越便捷。多用途预付卡的监管部门是中国人民银行。在本章中，我们主要介绍多用途预付卡。

表 6.1　单用途预付卡和多用途预付卡比较

预付卡种类	发卡机构分类	使用范围	监管机构
单用途预付卡	商业企业	发卡企业内部	商务部
多用途预付卡	非银行支付机构	跨行业、跨法人	人民银行

2. 预付卡有哪些特点

（1）消费款项的预付性

传统消费模式是银货两讫，一手交钱一手交货。买卖双方只信任现金和现货。

预付卡模式是先银后货，消费者在某一系统范围内的特约商户预交限定数额的现金，得到预付卡，然后在这些商户里不用现金仅凭借此卡在预付金额内一次或多次直接购物或享受服务。

（2）使用范围的有限性

预付卡的使用范围是有限的，持卡人只能在特定的时间、地点、商户和金额范围内使用，并且目的单一，主要用于消费。

预付卡只能在发卡机构签署合作协议的特约商户使用。即便在特约商户名录范围内，根据购卡时的合同约定，适用的商品和服务也可能受到限制。

（3）账户资金的小额性

商业银行面对客户的储蓄存款业务是不设上限的。预付卡的账户余额是有上限的，主要定位于小额支付。《支付机构预付卡业务管理办法》规定，单张记名预付卡资金限额不超过 5000 元，单张不记名预付卡资金限额不超过 1000 元。

（4）预付卡的时效性

《支付机构预付卡业务管理办法》规定，记名预付卡不得设置有效期，不记名预付卡有效期不得低于 3 年。对于超过有效期尚有资金余额的预付卡，发卡机构应当提供延期、激活、换卡等服务、保障持卡人继续使用。

（5）支付方式的便利性

为什么持卡人喜欢使用预付卡呢？跟银行卡相比，大部分预付卡都不要密码，方便快捷。这有利于整个社会减少现金流通环节和流通量。

预付卡作为单位福利卡，具有较强的优势。员工的方便之处是，员工可以在合作商户中自由挑选物品，拥有相对充分的选择权，颠覆了公司向员工发放实物福利的传统。单位的方便之处是，首先，每张福利卡都含有固定的金额，便于企业管理福利预算，而且有利于税收统筹；其次，相对于实物形式的福利，预付卡的购买和使用过程更加轻松方便；再次，相对于货币形式的福利，预付卡有限流通的特性，能够有效降低腐败行为和不正之风；最后，单位集体购买预付卡时通过享受折扣或返现率，从而节约开支，降低成本。

（6）预付价格的优惠性

预付卡的优惠，相当于持卡人放弃货币流动性进行消费所获得的补偿。否则，凭什么在这个商户消费？又凭什么预付货款？人们普遍都喜欢持有选择权，要鼓励消费者放弃选择权从而选择预付货款，就需要支付一个额外的对价。对于商户来说，愿意支付这个对价，优惠形式包括折扣、馈赠商品、附加服务等，因为预付卡有助于商户绑定客户群体，稳定扩大销售，提高结算效率，降低财务风险和流动性风险，提升品牌价值。

3. 多用途预付卡的不同分类

（1）功能用途分类

①商业服务类

商业服务类是预付卡的主流应用场景，包括百货商店、超级市场及其他业态。

其他业态：诸如餐饮、汽车、票务、酒店、旅游、母婴儿童、美容美发等生活服务，家电、家居、建材等专业卖场，各品牌的连锁专卖店，网上商业等。

②公共事业类

公共事业类的预付卡产品形态是公交一卡通。公交一卡通大多是在原公交卡基础上发展起来的，并逐渐拓展到便利店、公共事业缴费、停车场等领域。所以，也称其为交通卡、市民卡、城市一卡通。公交一卡通通常为市政府主导，公交集团控股或参股，属民生工程性质，地方政府通常会给予一定补贴。

③线上充值类

从线下到线上，成为传统零售业的流行趋势，这一转变也体现在预付卡市场中。

市场上，大多数预付卡都只能在线下商户消费，无法直接在网上商户消费，除非是特约商户自有的网上商城。目前线上可以使用的预付卡，广义来说，包括所有电子化预付卡和虚拟预付卡；狭义来说，指那种专门给线上实名制账户充值的预付卡产品。主要应用领域是电信运营商专用账户、游戏点卡交易账户和C2C型电子商务交易账户。

目前，有七家预付卡机构获准从事仅限于线上实名支付账户充值的预付卡发行与受理业务。

④大型活动类

2012 年，人民银行发布的《关于规范银行业金融机构发行预付卡和电子现金的通知》规定，"商业银行不得发行或与其他机构合作发行磁条预付卡和非实名单电子现金；未经批准不得在银行卡上加载商业预付卡应用功能以及在银行卡卡面上增添商业预付卡发卡机构的标识和文字介绍"。但是以下三种情况除外：

A. 商业银行发行实名单电子现金。

B. 省会（首府）城市及副省级城市承办全国性或国际性经济、文化、体育等大型活动时，经活动组织方建议，与该活动组织方签署金融服务合作协议的商业银行，可向中国人民银行申请阶段性发行磁条预付卡或非实名单电子现金。这里的大型活动，例如 2008 年北京奥运会（第 29 届夏季奥林匹克运动会）和 2010 年上海世界博览会。

此类预付卡的时效性很强，同时也有一定的主题意义和纪念价值。主要满足境内外游客在大型活动期间的快速小额支付需求，减少现钞携带及零钞兑换的麻烦。此类预付卡先存款、后消费，单张面额一般最高不超过 1000 元，可在境内外所有标有银联标识的 POS 机上使用。

C. 通过中国人民银行发卡技术标准符合性和系统安全性审核的商业银行，经持卡人申请，可发行与持卡人银行卡账户关联、基于银行卡借贷记功能使用的主账户复合电子现金。

（2）记名与否分类

预付卡分为记名预付卡和不记名预付卡。

记名预付卡：指通过卡片表面印刷或通过卡内电磁材料记录持卡人信息的预付卡。记名预付卡的持有人在使用此卡时，收款主体需要确认卡内记录的持有人信息是否与付款主体一致，收款主体一般不对信息不一致的持有人提供服务。

不记名预付卡：指没有记录持卡人信息、只有余额等信息的预付卡。此种卡的使用不需要核实付款主体身份，流动性较好，安全性较差。虽然能为持卡人的身份保密，但是预付卡一旦损毁或丢失，难以证明其拥有人的身份，也不能识别是否通过盗窃、抢劫等非法途径获得。所以不记名预付卡通常用于馈赠礼品，或者是特别注重个人信息隐私保护的消费场景。

为防范不记名预付卡被用于洗钱、套现的风险，中国人民银行规定，记名预付卡可挂失，可赎回，但不记名预付卡不可挂失，不可赎回。只有不记名公共交通领域的预付卡例外，单张卡片余额在100元以下的，可以按约定赎回。

不记名预付卡与记名预付卡主要从以下几个方面区分，见表6.2。

表6.2　不记名预付卡与记名预付卡的区别

种类	资金限额	是否可以挂失	是否可以赎回	有效期
不记名预付卡	不超过1000元	不可以	不可以①	不得低于三年
记名预付卡	不超过5000元	可以	可以	不设置有效期

第二节　预付卡产业发展

1. 多用途预付卡的参与主体

（1）持卡用户（消费者），是指向预付卡发卡机构购买并可持卡消费的单位或个人。

（2）特约商户，是指与收单机构签订预付卡受理协议、按约定受理预付卡并委托收单机构为其完成交易资金结算的企事业单位、个体工商户或其他组织，以及按照国家工商行政管理机关有关规定，开展网络商品交易等经营活动的自然人。

（3）预付卡发卡机构，是指获得人民银行颁发的支付业务许可证，获准从事预付卡发行与受理业务的支付机构，既可以发行预付卡，又可以为其发行的预付卡提供受理服务。

---

① 公交卡不记名，但可以退卡赎回，属于例外情况。

（4）预付卡受理机构，是指获得人民银行颁发的支付业务许可证，获准从事预付卡受理业务的支付机构，只能接受预付卡发卡机构的授权或委托，受理该预付卡发卡机构发行的预付卡，自身不能发行预付卡。

2. 多用途预付卡业务流程

整个预付卡业务的流程如下：消费者向发卡机构预先支付资金购买预付卡，发卡机构向消费者提供预付卡。发卡机构在获得消费者的预付卡款后转到备付金账户。消费者在获取预付卡后可以在特定领域购买特约商户提供的商品和服务，特约商户提供交易系统和受理机构来扣减预付卡的金额。随后，商家通过受理机构来进行资金的清算，进而与发卡机构进行清算。发卡机构发出付款指令，将商家提供商品和服务的售卖资金支付给商家。最后，商家再通过清算系统来向发卡机构提供佣金。

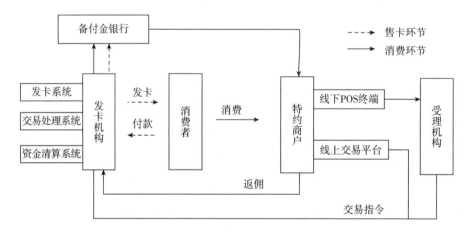

图 6.1　预付卡的业务处理流程

3. 预付卡产业链整合与延伸

近年来，受宏观经济和监管政策影响，企业福利和礼品等传统预付卡领域发展空间进一步收窄，特别是随着信息技术的发展，迫切需要企业在业务实践中结合自身资源优势和特征，打造特色化产品和服务，以应对外部压力和自身发展需求。

在移动支付广泛普及的情况下，围绕支付能力整合的互联网平台连接线上与线下，预付卡机构承载多方资源，积极推动业务创新和服务转型，积极应用于便民、利民领域，为消费者提供更多的权益和便利。

（1）深挖旅游资源，实现多方共赢

预付卡机构通过整合消费属性、会员属性、文化属性、情感属性，利用预付卡支付技术、互联网技术，积极构建全域旅游智慧平台，为客户提供"购票＋购物＋文化"的一体化便捷支付服务，努力为客户提供更丰富、更便捷、更具情感价值的个人金融产品，全面提升客户的旅游体验。

（2）融入智慧园区建设，形成"一卡通"生态

预付卡机构依托智慧园区建设，积极构建园区生产、生活、娱乐生态圈，依托线下特约商户、线上电商网站，打通"门禁—福利—消费"通道，提升预付卡售卡、充值闭环和黏性。预付卡机构打通了线下产品和线上场景功能后，能够更好地满足不同人群的需求，让园区企业员工更有自主选择权。

（3）通过移动端，为客户提供支付

预付卡机构适应支付行业"去介质化"，着力为用户打造完善的卡片管理体系，绑定该机构预付卡，实现扫码付款，并随时随地管理卡片，推动预付卡向移动端转型。同时，继续发力扩展商户，打造专属的O2O本地生活服务和优惠，不仅包括线下商家的优惠和品牌产品展现，还打造了卡券体系，满足了商家平台营销的需求。

（4）与文体领域结合，采用定向支付方式

预付卡机构在消费补贴制度和技术层面进行创新，利用"互联网＋"作为便捷手段，创新文化消费补贴方式，引导居民扩大文化体育消费，不断满足人民群众对美好生活的需求。充分发挥政府在引导扩大市民文体消费方面的推动作用，既让文化消费专项资金精准定向推动市民主动进行文化、体育领域消费，又能够用好财政资金杠杆作用放大刺激和拉动效果。

第三节　使用预付卡要注意什么

消费者持有和使用预付卡时，可能遭受的风险主要来自购卡、用卡和赎回等环节。如何安全、便捷地使用多用途预付卡呢？

1. 购卡环节要注意什么

（1）购买多用途预付卡时，一定要在获得中国人民银行颁发的《支付业务许可证》的正规支付机构去购买。获得《支付业务许可证》的支付机构名单可以通过中国人民银行官网查询。

（2）按照规定，发卡机构应当向购卡人公示、提供预付卡章程或签订协议。消费者在购卡的时候，一定要仔细阅读和查看相关的章程和协议。

（3）在购买多用途预付卡时，要注意核对预付卡的一些关键要素，如预付卡名称、卡号、是否记名、有效期限或有效期截止日等。通过核实这些要素，确认预付卡产品是否能够满足购卡人的需求。

（4）购买记名预付卡或一次性购买不记名预付卡1万元以上的，应当使用实名并提供有效身份证件。

（5）单位一次性购买预付卡5000元以上，个人一次性购买预付卡5万元以上的，应当通过银行转账等非现金结算方式购买，不能使用现金。

（6）在购买多用途预付卡的时候，消费者要关注发卡机构的发票政策。

2. 使用预付卡消费要注意什么

（1）在特约商户使用预付卡时，应仔细核对消费支付凭证是否与实际交易有出入。若购物后发生退货的，退货金额是否退回原预付卡账户中。

（2）要注意预付卡卡内金额和有效期时间，尽量在预付卡的有效期内使用。

（3）要关注预付卡是否可以分次使用、是否可以重复充值等，根据实际的情况合理使用预付卡。

3. 预付卡赎回、延期和挂失时要注意什么

（1）记名预付卡可在购卡 3 个月后办理赎回，赎回时，持卡人应当出示预付卡及持卡人和购卡人的有效身份证件。单张预付卡赎回金额在 100 元以下的，可使用现金。

（2）根据规定，预付卡章程或协议应当注明预付卡延期、激活、换卡等服务。超过有效期尚有资金余额的预付卡，发卡机构应当提供延期、激活、换卡等服务，保障持卡人继续使用。一旦不记名预付卡到期，持卡人可前往发行机构申请办理延期业务。如果预付卡卡片遭到非人为损坏不能正常使用，持卡人可携带有效身份证件到发卡机构办理换卡手续。

（3）发卡机构应当向记名预付卡持卡人提供紧急挂失服务，并提供至少一种 24 小时免费紧急挂失渠道。一旦记名预付卡遗失，持卡人应通过电话、网站等形式紧急挂失，然后携带本人有效身份证件或单位证明前往发行机构办理挂失补卡业务，并支付相应服务费。

读书笔记

1. 多用途预付卡是以特定载体和形式发行的、可跨行业、跨法人使用的预付卡。

2. 预付卡分为记名预付卡和不记名预付卡，记名预付卡单张金额不超过 5000 元，不记名预付卡单张金额不超过 1000 元。

3. 预付卡的特点主要包括：消费款项的预付性、使用范围的有限

性、账户资金的小额性、预付卡的时效性及支付方式的便利性。

4. 预付卡的创新主要运用在旅游资源、融入智慧园区建设、移动端的开发、与文体领域结合采用定向支付等方面。

5. 使用预付卡时需要在购卡、用卡、赎回、延期和挂失等环节防范风险。

第七章　票据——兼具支付与融资功能

企业间常有结算货款的需要，如企业 B 是企业 A 的供货商，企业 A 因购进货物欠了企业 B 一笔钱，按理说企业 A 直接向企业 B 转账就可结清货款，但可能由于企业 A 资金流较紧张或自身生产经营特点等原因，企业 A 希望赊账并延期付款。企业 B 自然不愿意接受这样的条件，毕竟延期收款有风险，于是两家企业的财务负责人一合计，决定采用折中的方法。由企业 A 找到银行 C 并向银行 C 缴纳一定的保证金和手续费，再由银行 C 向企业 B 提供付款承诺，保证一段时间后若企业 A 不能付款时向企业 B 无条件付款。此时，企业 A 只需将银行的付款承诺凭证交给企业 B 即可，如果企业 B 急需用钱还可以将其卖给银行换钱或者直接转让给其供应商抵付货款，这种方式用银行信用替代商业信用，既延缓了企业 A 的现金流出时间，又使企业 B 不用担心企业 A 发生信用风险。这样的付款承诺就叫银行承兑汇票，是票据中较为常见的一种。在这里，票据既是一种支付工具，同时也是一种融资工具。下面简要介绍我国的票据业务。①

第一节　票据的分类

进入 21 世纪，随着我国金融体制改革不断深入，非现金支付工具对现金的替代效应日益明显，票据作为一种重要的非现金支付方式得到快速发展。在百姓日常居家生活中，可能不常接触票据，但票据的信用支

---

① 部分资料来源：上海票据交易所。

付属性及便利性却对广大企事业单位生产经营活动意义重大。不仅如此，票据能有效缓解货币市场中资金配置、流动性管理、风险分散、货币政策传导以及中小企业融资瓶颈等问题，央行也将票据再贴现作为货币政策工具之一。

近年来，伴随电子化支付工具的推广使用，票据业务在非现金支付工具中的占比呈下降趋势。

1. 支票

支票是我国企事业单位使用最广泛的非现金支付工具，指出票人签发的，委托办理支票存款业务的银行或者其他金融机构在见票时无条件支付确定的金额给收款人或者持票人的票据。支票的付款人为银行或其他金融机构。

按照是否注明收款人分为：记名支票和不记名支票。按照是否能够支取现金分为：现金支票、转账支票和普通支票（见图7.1）。普通支票既可支取现金，又可办理转账。

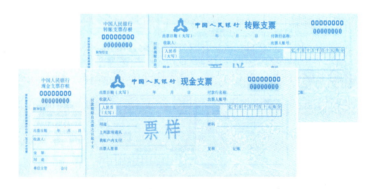

图7.1 支票票样

与其他票据结算方式相比，支票具有使用广泛、手续简单、方便灵活的业务特点。目前，支票仍然是我国票据主要品种。

一是具有多项支付用途。它除了可用于个人和企业对商户的支付外，还可用于企业对个人的支付，以及个人对个人的支付。

二是相对其他转账方式来说，支票的使用成本较低，而且见票即付、方便灵活，既可支付零售项目，也适用于大额买卖。

三是支票清算效率高，覆盖范围广。小额支付系统的支票截留业务使支票处理实现部分电子化，有效解决了传统支票受地域限制的难题，50万元以下的支票可以全国通用。

♠风险提示7：空头支票危害大

空头支票指单位签发的支票票面金额，超过其在银行存款的余额或透支限额而不能生效的支票。空头支票的主要危害包括：一是损害了持票人的合法权益，使持票人的支票权利得不到保障。持票人取得支票通常是基于某种债权债务关系，而当支票得不到兑付时，便受到一定的经济损失。二是空头支票扰乱了正常的金融秩序。由于社会上有人利用签发空头支票进行诈骗，致使有的单位拒收支票，或要求用支票支付货款的价格高于现金，降低了资金的周转率，破坏了整个社会的商业信誉，影响了经济的发展。

我国《票据法》第89条第2款规定："出票人签发的支票金额超过其付款时在付款人处实有存款金额的为空头支票，禁止签发空头支票。"出票人签发一张支票，如果账户余额不够支付所签发支票的金额，该支票就是一张空头支票。另外，与预留银行签章不符的支票，也被视为空头支票。

签发空头支票将依法受到处罚。对于签发空头支票，不以骗取财物为目的的，出票人将被处以支票票面金额5%但不低于1000元的罚款，持票人还有权要求出票人赔偿支票票面金额2%的赔偿金；以骗取财物为目的的，出票人还将被追究刑事责任。

2. 本票

本票是出票人签发的，承诺自己在见票时无条件支付确定的金额给收款人或者持票人的票据。

按付款时间不同，分为即期本票和远期本票。按出票人不同，分为商业本票和银行本票。在我国本票仅指银行本票（见图7.2）。《票据法》对银行本票作了规定，多用于即期支付，是申请人将款项交存银行，由银行签发凭此办理转账结算和支取现金的票据。

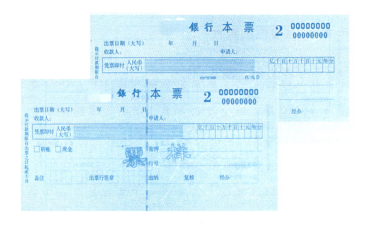

图 7.2　本票票样

银行本票具有信誉度高、支付能力强、使用方便的优势，对经济发展和减少现金使用具有积极作用。在交易活动中，使用银行本票，销货方可以见票发货，购货方可以凭票提货；债权、债务双方可以凭票结清债权债务；收款人将银行本票交存银行，银行即可为其入账，有利于加速商品流通和资金周转，减少现金使用。

3. 汇票

汇票是常见的票据类型之一。汇票是出票人签发的，委托付款人在见票时或者在指定日期无条件支付确定的金额给收款人或者持票人的票据。

按出票人不同，汇票可以分为银行汇票和商业汇票（见图7.3）。银行汇票的出票人是银行，付款人也是银行；商业汇票的出票人是企业法人以及其他组织，付款人是企业或银行。按付款时间不同，分为即期汇票、远期汇票。即期汇票主要用于结算，见票即付；远期汇票约定一定的期限再付款，具有信用融资的功能。

商业汇票分为商业承兑汇票和银行承兑汇票。商业承兑汇票由银行以外的付款人承兑，银行承兑汇票由银行承兑。在商业汇票业务中，大部分是银行承兑汇票，商业承兑汇票使用较少。

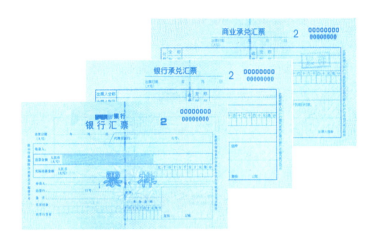

图7.3　汇票票样

银行汇票是为方便交易活动，满足企事业单位、个人异地采购的需要而创设的一种支付工具。通俗地说，银行汇票就是银行应汇款人的请求，在汇款人按规定履行手续并交足保证金后，签发给汇款人，由汇款人交付收款人的一种汇票。银行汇票具有方便灵活、票随人走、人到款到、兑付性强的特点。说其方便灵活，是因为银行汇票具有较强的流通性，可以将汇票通过背书转让给债权人，有利于单位和个人的急需用款和及时采购。说其兑付性强，是因为银行汇票的付款人是出票银行，银行信用较好，一般不存在到期不正常支付的情况。

商业汇票是一种远期付款工具，兼具支付和融资功能。它不仅是社会经济主体常使用的非现金支付工具，更是货币市场重要的交易工具，是企业的融资工具，是传导金融宏观调控政策的重要载体。

商业汇票适用于企业单位先发货后付款或双方约定延期付款的商品交易，购销双方可以根据需要商定不超过6个月的付款期限。比之于贷款，商业汇票融资具有门槛低、手续简便、获批时间短的优势，企业尤其是中小企业选择以签发和贴现商业汇票作为短期资金周转的首选方式。银行因票据融资业务的低风险将其作为调整信贷结构、做大信贷规模的重要方式。

第二节　商业汇票操作流程①

票据市场包括发行（承兑）和交易（流通）两个市场，不同的票据操作类型发生在不同的市场（见图7.4）。

图 7.4　票据市场分类

票据发行市场是一级市场，实现的是因商品交易关系而产生的支付和企业间的结算功能，包括票据签发和承兑。例如，企业希望通过银行承兑汇票方式向供应商支付货款，在向银行质押一定数额的资产以及缴纳保证金后，由银行开出货款等值额度的汇票，再由企业交付给其供应商。

票据交易市场是二级市场，是票据流通关系人、投资机构、市场中介机构进行交易的场所，实现的是票据的流通、货币政策的传导、市场信息的反馈等功能，具体操作包括背书转让、贴现、转贴现、再贴现。例如，供应商收到汇票后因急需用钱，选择在支付一定贴现利息后向银行直接贴现，拿到汇票后如果银行也急需用钱，则可以再向流动性充裕

---

① 部分资料来源：《票据入门手册》，华创证券研究。

的其他银行贴现。

1. 签发与承兑——票据的一级市场

票据的签发是指出票人在其开户行开立（或者自己签发）票据，是产出票据的过程；票据的承兑指汇票付款人承诺在汇票到期日支付汇票金额的票据行为。举一个具体例子：

假设有 A 和 B 两个企业，两者之间发生了贸易往来，比如企业 A 向企业 B 购买了商品，需要支付 3000 万元，但企业 A 暂时没有这么多钱，于是约定以汇票作为支付手段，企业 A 根据交易金额、日期、交易对方等信息，自己开立或者到自己的开户银行 C 申请开立一张商业汇票，这个过程就叫票据的签发。

如果票据是企业 A 自己签发的，这张票据就叫商业承兑汇票，此时企业 A 既是出票人，也是承兑人；如果票据是企业 A 的开户银行 C 签发的，那么就叫银行承兑汇票，企业 A 是出票人，银行 C 是承兑人。当然，为了防范风险，在接到企业 A 的签发申请后，银行 C 需要对企业 A 的资质进行一些审查，以确保企业 A 有足够的支付能力，并要求企业 A 提供一定的担保方式，一般有综合授信、保证、抵押、质押、保证金等，其中保证金最为常见，比如双方约定保证金比例为 30%，则企业 A 需要在银行 C 的保证金账户存入 900 万元，同时支付一定的手续费，一般是票面金额的万分之五，即 1.5 万元，对于银行 C 来说，既获得了 900 万元的存款，又赚取了一定的手续费。

一般纸票期限不超过 6 个月，电票期限不超过 1 年，等到票据到期时，如果是商业承兑汇票，则由企业 A 自己负责兑付，如果是银行承兑汇票，则由银行 C 来兑付，一旦到期兑付，票据生命结束，就不能进行流转。

2. 背书转让和贴现——票据的二级市场

背书是指在票据背面或者粘贴单上记载有关事项并签章的票据行为。

票据签发后，企业 A 通过背书转让的方式将票据的所有权转给企业 B，即在票据实物的背面加盖背书人（企业 A）和被背书人（企业 B）的公章，完成票据的所有权从背书人转移到被背书人的过程。

背书转让可以多次进行，比如企业 B 和企业 C 发生交易，则企业 B 可以通过背书转让的方式将票据的所有权转让给企业 C。以背书转让的汇票，背书应当连续，所谓背书连续是指在票据转让中，转让汇票的背书人与受让汇票的被背书人在汇票上的签章依次前后衔接。

贴现是指商业汇票的合法持票人在商业汇票到期前为获取票款，由持票人或第三人向金融机构贴付一定的利息后，以背书方式所作的票据转让。通俗地讲，如果你手里有一张还没有到期的汇票，但又需要用这笔钱，就可以去银行办理贴现业务提前获得票款，由于汇票还未到期，银行要收取一定利息，扣完利息后剩下的钱才是你的，同时这张汇票归银行所有。汇票到期后银行会要求承兑人兑现这笔款项。

📖 知识拓展 21：贴现利息怎么算

持票企业如果打算办理票据贴现业务，需要在买入银行开设账户，同时签订贴现协议，约定贴现利率、贴现日等，并提供其与票据前手的贸易资料，而买入银行需要进行查询查复操作。由于企业提前获得了票款，相当于银行向企业发放了短期贷款，所以贴现企业需要支付一定的利息给银行。贴现利息＝票面金额×贴现利率×贴现期限，其中贴现期限是指从贴现日到票据到期日的时间，假设票面金额为 3000 万元，贴现年利率为 3.5%，贴现期限为 180 天，则需要支付的利息约为 52.5 万元。

3. 转贴现和回购

票据市场通常将票据交易业务分为转贴现、质押式回购和买断式回购。可从事票据交易的市场主体包括法人类参与者、非法人类参与者以及中国人民银行确定的其他市场参与者。近两年，承兑与贴现保持增长，票据交易相对低迷。

转贴现是指卖出方将未到期的已贴现票据向买入方转让的交易行为。转贴现是银行对银行之间的一种资金融通的方式，比如你的汇票已经在 A 银行贴现，这张汇票现在属于 A 银行，它可以去其他办理贴现业务的银行再贴现这张未到期的汇票从而提前获得票款。

质押式回购是指交易双方以票据为权利质押所进行的短期资金融通业务。在质押式回购交易中，正回购方（资金融入方）在将票据出质给逆回购方（资金融出方）融入资金的同时，双方约定在将来某一日期，由正回购方向逆回购方返还本金和按约定回购利率计算的利息，逆回购方向正回购方返还原出质票据。质押式回购在交易过程中所有权不发生转移，该票据一般由第三方托管机构进行冻结托管，并在到期时予以解冻。

买断式回购是指正回购方将票据卖给逆回购方的同时，双方约定在未来某一日期，正回购方再以约定价格从逆回购方买回票据的交易行为。买断式回购最短期限为 1 天，并应当小于票据剩余期限。买断式回购形成的待返售票据，在回购期间可以再用于办理质押式回购，办理质押式回购的到期结算日应当早于原买断式回购到期结算日。自《关于规范金融机构同业业务的通知》发布后，卖出回购不能出表，该品种在整个交易链条中逐渐边缘化，业务量也逐年下降。

4. 再贴现

票据再贴现是银行对中央银行的一种贴现方式，是指商业银行把已贴现的票据再以贴现方式出售给中央银行的交易行为，是中央银行的一种货币政策工具。承办再贴现业务的一般是商业银行，商业银行在资金不足时，通过再贴现业务可以从中央银行取得最后贷款，因此，再贴现业务也成为商业银行进行流动性管理以及头寸管理的重要工具。当再贴现利率低于市场资金利率时，再贴现业务还可能成为商业银行获取利差收益的一种途径。再贴现利率由央行制定。

▣ 知识拓展 22：我国票据市场的发展

一、票据市场的发展简史

我国的票据业务发展始于 20 世纪 80 年代，从那时起近四十年的发展过程中，票据市场取得了了不起的成就。它不仅为商业银行开拓了资产负债业务，更重要的是在拓展中小企业融资渠道方面发挥了巨大作用。1999 年以后，票据市场急剧扩张，进入快速发展通道，逐步形成存量十万亿、交易量百万亿级的重要市场，成为货币市场乃至金融市场的重要组成部分。但随着电子支付手段发展，传统的开票大企业和新兴的服务业企业不再习惯用票据，而转为使用更方便的网上银行，票据支付功能弱化，市场规模逐步收缩。从 2013 年起，票据市场的增速明显放缓，2016 年起票据市场的业务笔数和交易金额开始波动下滑，近年降幅基本稳定。各业务种类中，支票仍是市场绝对主力，金额占比接近九成，实际结算商业汇票次之，占比一成左右，其余较少。

二、票据市场的参与者

票据市场参与者是指可以从事票据交易的市场主体，在我国包括法人类参与者、非法人类参与者及中国人民银行确定的其他市场参与者。其中，法人类参与者指金融机构法人，包括政策性银行、商业银行及其授权的分支机构，农村信用社、企业集团财务公司、信托公司、证券公司、基金管理公司、期货公司、保险公司等经金融监督管理部门许可的金融机构；非法人类参与者指金融机构等作为资产管理人，在依法合规的前提下，接受客户的委托或者授权，按照与客户约定的投资计划和方式开展资产管理业务所设立的各类投资产品，包括证券投资基金、资产管理计划、银行理财产品、信托计划、保险产品、住房公积金、社会保障基金、企业年金、养老基金等。

三、票据交易系统

我国票据市场基础设施（即上海票据交易所系统）包括中国票据交易系统和电子商业汇票系统。其中，中国票据交易系统是依托网络和计算机技术，向交易成员提供询价、报价、成交及登记、托管、清算、无纸化托收等其他交易辅助服务的业务处理平台，目前包括会员管理子系统、纸票业务处理子系统、电票业务处理子系统、核心交易子系统、登记托管子系统、清算结算子系统、计费子系统以及统计监测子系统八个子系统（见图7.5）。电子商业汇票系统是依托网络和计算机技术，接收、存储、发送电子商业汇票数据电文，提供与电子商业汇票货币给付、资金清算行为等相关服务的业务处理平台。中国票据交易系统与电子商业汇票系统有机结合，和大额支付系统、会员内部系统以及其他相关系统相连接，实现商业汇票出票、背书转让、质押、保证、登记托管、报价交易、清算结算等业务信息传递和数据交互。

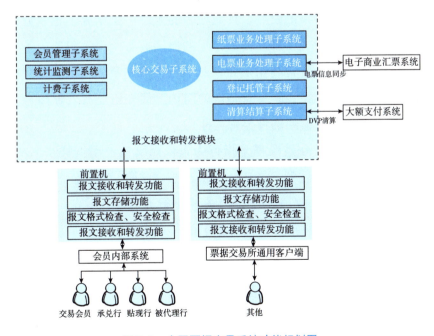

图 7.5　中国票据交易系统功能规划图

第三节　如何防范票据风险

1. 避免纸质票据瑕疵

纸质票据的瑕疵问题是流转中最常见的问题，有的影响及时回款，有的造成悬案，资金被长期占用，形成风险。因此，纸质票据使用者应知晓常见的票据填写错误，并尽量避免产生瑕疵票据，为自己和他人使用票据带来便利。通常，造成瑕疵的原因有以下三种：

（1）文义（写字）错误。如书写被背书人名称漏字、多字等；

（2）盖章错误。如骑缝章未骑缝、骑缝章重复等；

（3）操作错误。如将背书人的粘单粘反等。

2. 识别和防范假票

随着我国市场经济的发展，日益增多的流通中票据成了犯罪分子眼中的肥肉。假票的形式多种多样，出现的地区遍布全国，犯罪分子容易在薄弱环节中突破，常常利用工商企业不熟悉票据业务和识假反假技术而得逞。因此，票据使用者具备基本的防伪反假知识能有效保障自身利益不被侵犯。通常，假票的种类有三种：

（1）伪造票据。伪造票据是指行为人依照真实的票据样张、图案、水印、花纹、颜色、款型、格式、规格，通过印刷、复印、绘制等手段非法制造票据的行为。伪造可能发生在票据行为的各个环节，包括出票、背书、承兑、保证等环节。伪造票据上的印章来源，有的是私刻的假印章，有的是偷盗得来的真印章。

（2）变造票据。变造是对真实、有效的票据内容的改变。具体来说，变造就是变更票据上他人记载的票据金额、出票日期、收款人名称、付款人名称、付款地点和付款日期等内容，即变更票据上除签章以外的其他记载事项的违法行为。

（3）克隆票据。克隆票据是指对常见的流通中的票据或票据用纸的介质和要素进行非法模仿制作的行为。克隆票据行为有两个特征：一是行为人掌握了别人已经存在的票据外观（已有真实的票据存在）；二是行为人要百分之百地模仿，以达到以假乱真的目的。

3. 杜绝违规票据业务

我国商业银行同业间票据交易量已颇具规模，同业交易已成为各商业银行平衡资产负债表的经营工具，以及调节规模、完成报表考核指标的管理工具。但随着交易量的增加，交易中出现多种被监管部门通报的违规现象和问题，常见主要形式如下：

（1）"卖加回"和"买加回"

所谓票据卖断，即指票据转贴现业务，指银行将未到期的票据拿给另一家机构进行贴现，它实际上是一种票据转让行为，是信贷业务。所谓票据回购，是指交易双方的银行以票据作为质押物的一种资金拆借行为。

"卖加回"或者"买加回"把上述两种行为凑在一起，是指银行将票据卖断，清除了本行的信贷规模，但买入的银行是与对方做回购不计贷款规模，这为银行腾出了信贷空间。这样做，就隐匿了信贷规模。

因为是签了一卖一买的卖断合同和回购合同，买入方把回购合同做账了，将卖断合同放入了抽屉，因此"抽屉协议"这个名词就产生了。

（2）"一票多卖"或"商票空转"

指在回购交易中因有过合作记录，不进行实物票据的检查，未拆封票据包；由票据中介安排，回购的票据为前手已经卖出的票据；票据中介持有的商票被其"包装银行"买入，中介伪造"包装银行"的印章，进入银行间市场。这一类风险事件在 2014 年和 2015 年高频发生，涉及金额高达几十亿元，危及十多家银行。

（3）创新"代理"

指通过同业代理转贴现，委托中介办理票据业务，出借出租账户和印鉴，为他行做通道，由中介安排"倒打款"，帮助他行在月底"代持"。

📖 读书笔记

1. 票据分为支票、本票和汇票。

2. 票据发行市场是一级市场，包括票据签发和承兑；票据交易市场是二级市场，包括票据背书转让、贴现、转贴现和再贴现。

3. 票据市场参与者是指可以从事票据交易的市场主体，包括法人类参与者、非法人类参与者及中国人民银行确定的其他市场参与者。

4. 票据市场基础设施（即上海票据交易所系统）目前包括中国票据交易系统和电子商业汇票系统。

5. 规范使用票据应避免纸质票据瑕疵、识别和防范假票、杜绝违规票据业务。

第八章　支付清算系统
——资金流通的"高速路"

支付清算系统是支付体系的重要组成部分，也是重要的金融基础设施。无论支付前端工具和形式如何变化，后端都需要高效稳定的支付清算系统做保障。

第一节　支付清算系统的概念与分类

1. 认识支付清算系统

支付清算系统是通过支付指令传送和资金清算实现债权债务清偿及资金转移的一种金融安排。支付清算系统主要由组织体系、技术手段以及法律制度等部分组成。

支付清算系统是支付体系的核心基础设施，负责传输支付要求、清算应付和应收的资金以及实现资金划转。现代支付的本质是支付信息的传输和账户余额的变化，支付信息传输的过程是清算，账户余额变动的过程是结算。也就是说，清算是支付信息的归类、撮合，结算是账户变动的最终确认，这一过程中，资金流和信息流的变动，均依赖于支付清算系统。如果把资金比作身体中血液的话，支付清算系统就类似血管，根据指令把资金源源不断输送到身体的各个部分，保障机体的正常运作。

随着支付清算系统建设的不断推进，越来越多的系统逐步投入运营，系统功能持续优化，覆盖范围持续扩大。作为前端消费者，对于支付清算系统的运行日常感受不明显，事实上，它"无处不在"。除现金交易外，我们的大部分支付交易都离不开支付清算系统的"默默"支持。

🔍 案例2：失落的"儿童节"

在2018年儿童节之际，全球知名的银行卡组织Visa在欧洲地区经历了一次严重的服务中断，导致数以百万计的用户无法完成交易，无数家长在为孩子买单时遇到了尴尬。英国《金融时报》报道称，人们无法在商店、加油站、火车站等处付款，一些人不得不把商品留下。突如其来的故障也使得人们纷纷去支取现金，结果很多自动取款机的现金被取空。

2. 支付清算系统的分类

按照对资金处理模式的不同，支付清算系统可以分为实时全额结算系统和延迟净额结算系统。前者逐笔实时处理支付业务，后者对支付业务进行汇总后，在特定时点进行收付差额计算处理。根据业务处理需要，有些支付系统同时具有实时全额结算和延迟净额结算功能，这样的系统也被称为混合结算系统。

根据服务对象的不同，支付清算系统可以分为批发支付系统和零售支付系统。批发支付系统具有业务金额大、到账时间快的特点，主要面向银行机构和金融市场提供支付清算服务，多采用逐笔实时、全额结算的方式。零售支付系统具有业务金额小、业务笔数多、到账时间要求低的特点，主要为广大社会公众提供日常消费性支付服务，一般采用批量发送、净额结算的方式。

按照系统处理的币种不同，支付清算系统可以分为本币支付系统和外币支付系统。本币支付系统所处理的支付业务以本国货币为记账货币，我国的本币支付系统均以人民币为记账货币。外币支付系统又叫离岸支付系统，处理的支付业务以其他国家和地区的货币为记账货币。

按照服务区域不同，支付清算系统可以分为区域性支付清算系统、全国性支付清算系统和跨境支付清算系统。顾名思义，区域性支付清算系统处理的支付交易，发起方和接收方都在同一个区域内，如同一省、同一市县；全国性支付清算系统可以处理发起方和接收方在同一国家范围内的支付交易；跨境支付清算系统的处理业务地域范围更加广阔，发起方和接收方位于不同国家的支付交易也可以得到处理。

第二节　支付清算系统发挥哪些作用

作为金融行业乃至经济活动的"血管"，支付清算系统在促进经济发展和金融稳定方面的作用十分突出。主要表现在：

1. 加速资金周转，提高社会资金的使用效益。支付清算系统的高效运行，可以有效提高支付清算的效率，从而更好地满足经济活动和金融运行对资金运转的需求。

2. 支持各种支付工具的应用。不管是刷银行卡消费，或者用手机扫码支付，还是在网上购物，都离不开支付清算系统背后的支持。支付清算系统功能的升级换代，为支付工具的创新提供支撑。

3. 促进行业公平竞争，提高整体服务水平。支付清算系统提供了公共的支付服务平台，可以为参与机构创造公平竞争的经营环境，并在市场竞争中不断提升整个行业的服务水平。

4. 增强金融机构的流动性。流动性可以理解为金融机构可用的"活钱"。支付清算系统可以提供日间透支、头寸查询等服务，帮助金融机构提高资金使用效率。此外，也可以帮助金融机构快速从货币市场获取资金，提高其流动性管理水平。

5. 防范支付相关风险，维护金融稳定。支付清算系统通过各种规章制度、运营规范和风险准备措施，来防范信用风险、流动性风险、运行风险、法律风险和系统性风险等，保障金融稳定。因此，大、小额支付系统往往由中央银行运营和管理，这也是中央银行保障金融稳定运行职责的体现。

6. 有效支持货币政策的实施，增强金融宏观调控能力。支付清算系统的安全高效运行，能够保证各类货币政策工具调节货币供应量的效果，也可以帮助中央银行准确预测流入流出银行系统的资金量，从而更好地制定货币政策目标。

📖 知识拓展23：支付清算系统运行管理的原则

支付清算系统的建立和运行，必须要遵循一些原则，相当于支付清算系统的"法律法规"。支付结算体系委员会和国际证监会组织联合发布的《金融市场基础设施原则》为金融市场的基础设施确定了24个原则，其中，涉及支付系统的原则有18个。

1. 法律基础原则。它可以理解为所有的支付系统都拥有明确的、透明的和稳健的规范基础，同时这些规范是可以执行、可以操作的。支付系统相关的监管者、直接参与者和其他参与者，都可以通过清晰易懂的方式，了解到这些法律基础。支付清算系统的法律基础应当与相关的法律法规在基本原则上保持一致。

2. 治理原则。需要保障支付清算系统拥有清晰、透明的治理安排，从而使支付清算系统安全、高效、稳定运行，并保障与系统相关的公共利益。

3. 风险管理原则。风险管理是所有金融市场基础设施的重要环节，支付清算系统同样不例外。风险管理原则就是要确保支付清算系统具备稳健的风险管理框架，从而全面系统地管理法律风险、信用风险、流动性风险、运行风险和其他的风险。

4. 信用风险原则。信用风险在广义上是指支付参与方无法按时完成约定支付的风险。比如约定在某时付款，约定时刻支付方无法提供资金。因此，支付清算系统应该建立文件的框架和规范，来有效管理参与者的信用风险。

5. 抵押品原则。为了管理系统自身或者参与者的信用风险，可以通过接受较低信用风险、流动性风险和市场风险的抵押品，来降低信用风险。支付清算系统使用抵押品的例子较少，大型支付清算系统往往通过负责运营公共部门的信用或国家信用来做抵押。

6. 流动性风险原则。支付清算系统应该有效地度量、监测和管理流动性风险，持有足够的相关货币的流动性资源。应该通过事前压力测试的方式，模拟各种可能出现的流动性危机，来验证支付清算系统能不能有效应对流动性风险。

7. 结算最终性原则。结算可以理解为按照清算指令完成的资金划转，结算是支付流程的最后一环。因此，支付清算系统的设计需要为支付、转账指令提供清晰、确定的最终结算。最终结算，是指资产或其他债务的清偿是不可撤销且无条件的，在这之后未结算的支付、转账指令或者其他债务都不可以被参与者撤销。

8. 货币结算原则。支付清算系统立足于资金的流转，因此往往需要使用中央银行货币进行货币结算，例如我国的各类人民币支付系统，结算时要用我国的中央银行货币——人民币。如果使用商业银行货币进行结算的时候，支付清算系统需要严格控制信用风险和流动性风险。

9. 价值交换结算系统原则。它是指系统结算的支付如果涉及两项以上相互关联的交易，应当通过将一笔交易的最终结算作为另一笔交易最终结算的条件，从而消除本金风险。

10. 参与者违约规则与程序原则。考虑到参与者违约的风险，支付系统应该建立一套有效的、定义清晰的规则和程序，以管理参与者违约的情况。

11. 一般业务风险原则。除了来自支付、清算和结算活动的风险，支付系统还会面临一般业务风险，比如支付系统在管理和运营中产生的风险和潜在损失，这需要得到系统的有效识别、监测和管理。

12. 托管风险与投资风险原则。系统参与者的资产安全和系统自有资产的安全需要得到有效保护，并将资产损失的风险降至最低。

13. 运行风险原则。运行风险是指因信息系统和内部处理过程存在缺陷、人员不足或外部事件干扰产生的风险。支付系统应识别运行风险的内外部源头，并减轻其负面影响。

14. 准入与参与要求原则。相关方使用支付系统服务的能力称为准入，包括参与者、其他系统和相关服务提供者。准入标准应当客观、基于风险并公开披露，保障公平公开。

15. 分级参与安排原则。当间接系统参与者依赖直接参与者提供的服务使用系统的支付清算功能时，就产生了分级参与安排。支付系统应识别、监测和管理由分级参与安排产生的实质性风险。

16. 效率与效力原则。支付系统应具有高效率并满足预期的目标，从而满足系统参与者与市场的需求。

17. 通信程序与标准原则。支付系统应使用或者至少兼容国际通行的相关通信程序与标准，以进行高效的支付、清算、结算和记录。

18. 规则、关键程序和市场数据的披露原则。支付系统需要具有清晰、全面的规则和程序，提供充分的信息，使参与者能够准确了解风险、费用和其他成本，这些规则和程序应该公开披露。

第三节　我国的支付清算系统有哪些组成部分

近年来，人民银行相继建成运行了大额实时支付系统、小额批量支付系统、网上支付跨行清算系统、境内外币支付系统等重要的跨行支付系统，为金融机构和金融市场提供了低成本、高效率的公共清算服务。

同时，为满足特定领域的转接清算需求，鼓励非现金支付工具的创新和推广，人民银行积极培育多元化的支付服务主体，批准设立中国银联，负责推动银行卡跨行联网通用和普及应用；批准设立了网联公司，负责推动非银行支付机构与银行之间的转接清算交易；批准设立城银清算服务有限责任公司和农信银资金清算中心，办理城市商业银行、农村信用社等银行业金融机构的汇兑、银行汇票等资金清算业务。2015 年 10

月 8 日，为了推动跨境业务开展，人民币跨境支付系统（CIPS）建设完成并上线。

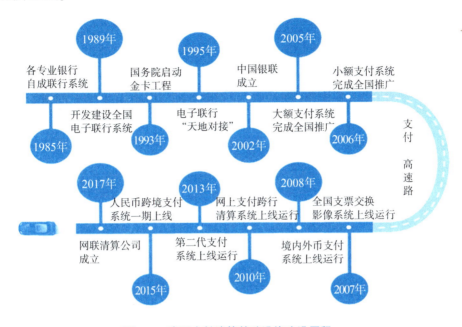

图 8.1 我国支付清算基础设施建设历程

上述一系列的系统建设推动了我国多层次、多元化支付服务市场格局的形成，较好满足了经济发展中多样化的支付需求。

正如血脉分为动脉、静脉、毛细血管等一样，不同的支付清算系统负责不同领域的清算业务，分工明确，各司其职，共同实现支付的安全、高效、稳定运行。我国的支付清算系统根据机构性质和服务内容，可以分为以下三个层面。

1. 中国人民银行运营的系统

除了作为支付体系的管理者，组织建设各类跨行支付清算系统以及同城清算系统外，人民银行也是支付清算公共服务供给主体，面向金融市场提供支付基础设施、结算账户及相关清结算服务，其服务具有基础性、公共性的特点。中国人民银行运营的系统主要包括大额实时支付系统、小额批量支付系统、网上支付跨行清算系统（"超级网银"）、中央银行会计核算数据集中系统、境内外币支付系统等。

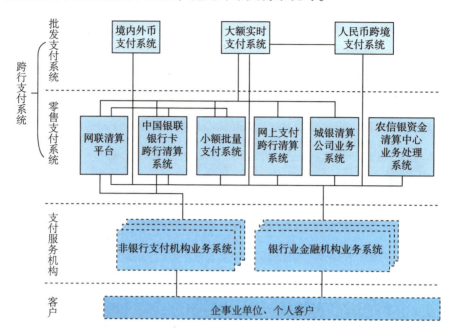

图8.2　我国支付清算系统结构图

（1）大额实时支付系统

大额实时支付系统好似"主动脉"，为经济活动持续提供资金流转的保障。近年来，经济发展突飞猛进，人民生活水平也越来越好，这其中大大小小的企业发挥了重要的作用。我国企业数量庞大，企业在经营中涉及的资金划转往往金额庞大，对实时到账的要求较高，例如支付货款、获得收入、出售资产、购买设备等。如果收付款的两方账户不在同一家银行开立时，就需要大额实时支付系统来完成资金的清结算。

大额实时支付系统以电子方式处理在规定金额以上的大额支付业务，也可以处理部分紧急的小额支付业务。支付指令实时发送，逐笔全额清算资金，主要的服务对象为银行业金融机构、企业和事业单位。

2002年10月8日，大额实时支付系统在北京、武汉成功投产试运行，标志着中国现代化支付系统建设取得突破性进展。

大额实时支付系统的参与者可以根据参与者身份的不同，分为直接参与者、间接参与者和特许参与者。

直接参与者，顾名思义，就是直接与支付系统连接，办理支付清算业务的机构，其中包括中国人民银行总行（库）、在中国人民银行开设清算账户的银行等。直接参与者可以不通过其他机构，通过大额实时支付系统处理业务，一般的接入方式包括系统接口接入等直连方式，以及通过前置机与连接到网点的终端来连接系统的间连方式。

间接参与者需要委托直接参与者来通过系统办理业务，包括中国人民银行分支行（库）以及未在中国人民银行开设清算账户的银行和非银行支付机构等。

特许参与者是指经中国人民银行批准，通过支付系统办理特定支付业务的机构。目前特许参与者主要有公开市场操作室、中央结算公司、中国银联、上海清算所等。

按照处理流程来划分，大额实时支付系统处理的业务主要有普通大额支付业务和即时转账支付业务两类，此外还包括中国人民银行内部转账业务和同城轧差净额业务。

普通大额支付业务，有时候也被称为贷记支付业务，通俗地讲就是由付款客户发出支付要求，付款行向系统发起支付指令，再由系统清算资金后，实时转发应收到这笔资金的收款行的支付业务。

即时转账支付业务主要涉及与系统直接连接的特许参与者，根据支付的约定，作为第三方直接向支付系统发起借贷方清算账户的轧差净额信息，支付系统立即进行实时清算，并将结果通知第三方和相关的借贷方。

（2）小额批量支付系统

当我们拿出手机，给亲朋好友跨行转账的时候，往往需要用到小额批量支付系统来实现资金的清算。小额批量支付系统主要处理规定起点以下的小额批量贷记支付业务，区别于大额实时支付系统，小额批量支付系统采用延时净额清算的方式，即定时对一段时间内的支付进行集中清算，并计算单一接入机构的借贷净额。

小额批量支付系统的参与者非常广泛，包括商业银行、非金融机构、中国人民银行的会计营业部门与国库部门、银联、网联等，他们共同构建了零售支付稳定运行的基础。

小额批量支付系统着眼于便利社会多样化的支付需求，能够支持各种支付工具的应用，比如公用事业收费、发放工资、养老金、保险金等，都可以通过小额批量支付系统办理。系统 7×24 小时连续运行，能够有效满足在法定节假日群众支付的需求。为了提升风险管理能力，系统设计了净借记限额控制，即每家机构在系统上的借记净额有上限，这一管理措施针对系统净额清算资金、业务实时转发和资金延后结算的特点。

小额批量支付系统处理的基本业务类型可分为贷记业务、借记业务和信息类业务。

贷记业务是指付款行向收款行主动发起的付款业务，普通贷记业务包括规定金额以下（小额）的汇兑、委托收款的划回、托收承付的划回及国库贷记等业务，处理时批量发送。此外，贷记业务还包括定期贷记业务（如代付工资、养老金、保险金的批量划拨等）和实时贷记业务（如个人跨行同城和国库实时缴税等）。

借记业务是指收款人委托收款行向付款人开户银行主动发起的收款业务，包括中国人民银行机构间的借记业务、国库借记汇划业务等。

信息类业务包括支付系统参与者间相互发起和接收的，不需要支付系统提供资金清算服务的各类专用或通用信息数据。

(3) 网上支付跨行清算系统

网上支付跨行清算系统（IBPS）也被称为"超级网银"，它是人民银行继大、小额支付系统后建设的又一人民币跨行支付系统，在"超级网银"诞生之前，多数商业银行使用的第一代网银系统并不能实现跨行查询等功能。"超级网银"具有统一身份验证、跨行账户管理、跨行资金汇划、跨行资金归集、统一直连平台、统一财务管理流程、统一数据格式等七项产品特色。使用"超级网银"，可直接向各家银行发送交易指令并完成汇款操作。

"超级网银"于 2010 年 8 月 30 日正式上线。它可以足不出户办理跨行账户管理、资金汇划、资金归集等多项业务，并可实时在线获取业务的处理结果，有力支持了我国电子商务的发展。

"超级网银"有强大的资金归集功能，可在母公司结算账户与子公司的结算户之间建立上划下拨关系。该系统主要处理客户在线提交的零售业务，包括支付业务和跨行账户信息查询业务等，支持网上支付等新兴电子支付业务的跨行（同行）资金汇划处理，能满足用户全天候的支付需求。通过构建"一点接入、多点对接"的系统架构，实现"一站式"网上跨银行财务管理。

2. 其他清算组织运营的系统

这一层面以中国银联、网联、城银清算、农信银清算等为代表，主要运营各自领域的清算系统。分别在特定业务领域向特定服务对象提供服务。

（1）银行卡跨行支付系统

中国银联是我国银行卡跨行交易清算系统的运营主体，持续推进银行卡跨行支付系统的建设与升级，不断丰富系统功能和业务种类，支持各类银联卡跨行、跨地区和跨境的使用。

为了规范银行卡清算市场发展，扩大金融开放，深化金融改革，促进银行卡市场健康发展，2015 年 4 月国务院发布《关于实施银行卡清算机构准入管理的决定》，明确银行卡市场全面实施准入管理。2019 年 6 月 18 日，中国人民银行会同中国银行保险监督管理委员会审查通过了中国银联的申请，向其颁发"银行卡清算业务许可证"，这也是我国颁发的首张许可证。

随着支付行业对外开放力度的不断增强，国际卡组织也逐步进入国内市场。2018 年 11 月 9 日，中国人民银行会同中国银行保险监督管理委员会审查通过了连通（杭州）技术服务有限公司提交的银行卡清算机构筹备申请，这家公司是美国运通公司在中国境内发起设立的合资公司，作为市场主体申请筹备银行卡清算机构、运营美国运通品牌。2019 年 3 月 6 日，万事达（Mastercard）和网联平台组队成功，由两方合资正式成立万事网联信息技术（北京）有限公司。我国银行卡产业及银行卡清算市场朝着市场化和国际化方向稳步迈进。

（2）非银行支付机构网络支付清算平台

之前，支付机构与银行间的资金清算模式为直连，并不经过清算系统，违规跨行清算的现象时有发生，资金安全和信息安全存在风险隐患。在这个背景下，人民银行启动"断直连"工作，非银行支付机构网络支付清算平台（以下简称网联平台）应运而生，用来转接和清算支付机构与银行之间的支付业务。

2017年8月，在中国人民银行的指导下，由中国支付清算协会按照市场化方式组织非银行支付机构以"共建、共有、共享"原则共同参股出资，成立了网联清算有限公司。网联公司负责网联平台的运营工作。2016年8月，网联筹备组成立，开始按照"断直连"的相关要求，启动网联平台建设。为了应对市场海量的支付需求，网联平台采用分布式云架构体系，搭建北京、上海、深圳三地六中心的架构系统。

2018年底，网联平台基础建设工作基本完成。目前，网联平台的基础支付业务功能包括快捷支付、代收、网关支付、认证支付和付款等业务，满足了原有各类直连业务功能迁移到平台处理的需求。

（3）人民币跨境支付系统

由于在海外市场缺乏独立的支付清算机构，中国人民银行一般都要指定一些商业银行代做支付清算业务，但这些商业银行用的基本都是各自独立的支付系统，并不统一。

为了进一步加快人民币国际化的脚步，便利各国使用人民币跨境结算，中国人民银行组织启动了人民币跨境支付系统（CIPS）建设。当我国与其他国家和地区使用人民币结算，或者境外参与者间用人民币结算时，均可以通过CIPS系统来完成。

2015年9月8日，CIPS的运营机构跨境银行间支付清算（上海）有限责任公司正式成立，CIPS（一期）在同年10月8日正式投产。CIPS采用实时全额结算的模式，支持客户以及金融机构间的汇款需求，让人民币在跨境使用时更加方便快捷。

2018 年 5 月 2 日，CIPS（二期）正式上线，系统运行时间达到了 5×24 小时 +4 小时，实现了对全世界各个时区金融市场的全覆盖。CIPS（二期）还新增了定时净额结算机制，更好满足不同参与者的差异化需求。

CIPS 的直接参与者可以一点接入系统，极大提高了结算效率，境内的直接参与者由专线接入，更加安全可靠，也节省了接入机构和客户的结算成本。CIPS 采用国际通用的报文标准，与主要的支付清算系统接口相连接，更加方便国内外机构的跨境人民币支付。各大机构内部的业务系统也基本与 CIPS 相连，机构可以通过调动不同业务账户间资金的方式，更合理地进行流动性管理。

📖 知识拓展 24：SWIFT 是做什么的

SWIFT 是环球同业银行金融电讯协会的英文简写，是国际银行同业间的合作组织，它并不是一个支付清算系统名称，但保障了跨境银行间资金的支付流转。因此，许多人把它看作跨境银行间的支付清算系统。

SWIFT 为银行间的结算提供了安全、可靠、快捷、标准化、自动化的通讯业务，从而大大提高了银行的结算速度，全球大多数国家大多数银行已使用 SWIFT 系统。SWIFT 是国际银行间非营利性的国际合作组织，总部设在比利时的布鲁塞尔，同时在荷兰阿姆斯特丹和美国纽约分别设立交换中心，并为各参加国开设集线中心。SWIFT 运营着世界级的金融电文网络，银行和其他金融机构通过它与同业交换电文来完成金融交易。除此之外，SWIFT 还向金融机构销售软件和服务。

SWIFT 组织成立于 1973 年 5 月，来自美国、加拿大和欧洲的 15 个国家的 239 家银行宣布正式成立 SWIFT，它是为了解决各国金融通信不能适应国际间支付清算的快速增长而设立的非营利性组织，以便在该组织成员间进行国际金融信息的传输和确定路由。该组织创立之后，其成员银行数逐年迅速增加。从 1987 年开始，非银行的金融机构，包括经纪人、投资公司、证券公司和证券交易所等，开始使用 SWIFT。

1980 年，SWIFT 连接到香港。中国银行于 1983 年加入 SWIFT，是 SWIFT 组织的第 1034 家成员行，并于 1985 年 5 月正式开通使用，成为我国与国际金融标准接轨的重要里程碑。之后，我国的各国有商业银行及上海和深圳的证券交易所，也先后加入 SWIFT。进入 90 年代后，除国有商业银行外，中国所有可以办理国际银行业务的外资和侨资银行以及地方性银行纷纷加入 SWIFT。SWIFT 的使用也从总行逐步扩展到分行。1995 年，SWIFT 在北京电报大楼和上海长话大楼设立了 SWIFT 访问点 SAP，它们分别与新加坡和中国香港的 SWIFT 区域处理中心主节点连接，为用户提供自动路由选择。

在我们向境外银行汇款时，需要填写将资金划到哪家银行，在汇出资金的银行收到指令通过 SWIFT 汇款时，填写的就不是收到资金银行的具体名称，而是这家银行的 SWIFT 的银行识别代码了。就像我国每个居民都有一个独一无二的身份证号码一样，每个接入 SWIFT 系统的银行也拥有这样一个代码。

每家申请加入 SWIFT 组织的银行都必须事先按照 SWIFT 组织的统一原则，制定出本行的 SWIFT 地址代码，经 SWIFT 组织批准后正式生效。银行识别代码是由电脑可以自动判读的八位或是十一位英文字母或阿拉伯数字组成，用于在 SWIFT 电文中明确区分金融交易中相关的不同金融机构。凡该协会的成员银行都有自己特定的 SWIFT 代码，即 SWIFT Code。在电汇时，汇出行按照收款行的 SWIFT Code 发送付款电文，就可将款项汇至收款行。该号相当于各个银行的身份证号。

(4) 城市商业银行支付清算系统

银行之间也存在着繁多的款项汇划。城市商业银行支付清算系统（城银系统）就是面向城市商业银行提供清算服务的系统，它有效解决了城商行跨地域资金清算不畅的问题，为各个接入银行提供更为便捷的资金清算服务。

城银系统于 2010 年 1 月 18 日上线，由城银清算服务有限责任公司运营，通过专线连接各个城商行行内系统的清算通道。城银系统的资金清算业务主要包括非实时贷记、实时贷记、实时借记三类。非实时贷记中，包括普通汇兑和退汇；实时贷记包括通存、密码汇款汇出和实时代付；实时借记包括通兑、密码汇款支取、密码汇款退汇和实时代收。

城银系统的特点包括：单笔金额无限制，业务逐笔发送，7×24 小时实时清算；提供统一的服务标识，统一银行代理费标准，提供银行代理费清结算服务。

（5）农信银支付清算系统

与城银系统面向城商行类似，农信银支付清算系统（农信银系统）是立足于农村支付市场，面向全国农村中小金融机构的系统，主要服务对象包括农村信用社、农村商业银行、农村合作银行、村镇银行等。农信银系统于 2006 年 10 月 16 日上线运行，由农信银资金清算中心运营，目前覆盖农村中小金融机构近 80000 家机构网点，有效解决了农村支付结算渠道不畅的问题。

农信银系统业务功能涵盖清算账户管理、支付信息报文处理、数据统计查询等，主要处理通存通兑、电子汇兑、银行汇票、协议支付、消费、预授权等十余项支付清算业务以及成员机构间的支付信息类业务。农信银系统支持各业务种类 7×24 小时的实时清算，能够快速响应客户的支付需求；可以实现一家机构一点集中接入以满足业务集中处理的需要，也支持成员机构的辖属机构多点接入；针对特定时段的定批量汇总建立了相关机制，有效满足了特殊时点的支付需求。

3. 银行业金融机构负责运营的系统

银行业金融机构直接面向存款人提供账户、支付工具、清算及结算服务和支付基础设施等，其支付清算服务具有基础性、营利性、社会性等特征。主要运营的系统包括商业银行行内业务系统、农村信用社行内业务系统、政策性银行行内业务处理系统等。

📖 读书笔记

1. 支付清算系统是支付体系的核心基础设施，它可以做到传输支付要求、清算应付和应收的资金和实现资金的划转。

2. 作为金融行业乃至经济活动的"高速路"，支付清算系统在促进经济发展和金融稳定方面发挥了积极作用。

3. 我国的支付清算系统根据机构性质和服务内容，可以分为三个层面，分别是中国人民银行负责运营的系统、清算组织等服务组织负责运营的系统和银行业金融机构负责运营的系统。

4. 中国人民银行负责运营的系统主要包括大额实时支付系统、小额批量支付系统、网上支付跨行清算系统等。

5. 清算组织运营的支付清算系统主要包括银行卡跨行支付系统、非银行支付机构网络支付清算平台、人民币跨境支付系统、城市商业银行支付清算系统和农信银支付清算系统等。

第九章 金融科技——让支付更有活力

科技是第一生产力，创新是引领发展的第一动力。大数据、云计算、人工智能、区块链、物联网等新技术与金融业务深度融合，促进金融业态推陈出新、百花齐放。支付清算是金融科技的重点应用领域之一，新兴技术与支付清算行业不断融合发展，在提升支付效率、质量与安全的同时，也推动了支付介质、渠道、系统和身份验证方式的重要变革。

第一节　金融科技的概念与发展历程

1. 什么是金融科技

提到金融科技，很多人觉得是个"高大上"的概念，其实金融科技已经与我们的日常生活密切相关。当你使用移动支付、与银行机器人客服对话、快速申请小额信用贷款……这些更加高效便捷的金融服务体验背后，都有金融科技作为坚实支撑。

目前，被普遍接受的对金融科技的定义是由金融稳定理事会（FSB）于 2016 年提出的。FSB 认为，金融科技是技术驱动的金融创新，旨在运用现代科技成果改造或创新金融产品、经营模式、业务流程等，推动金融发展提质增效。简单来说，金融科技（FinTech）就是金融（Finance）与科技（Technology）的结合，这里的科技主要指的是大数据、云计算、人工智能、区块链、物联网等新一代信息技术。

2. 科技与金融融合发展历程

金融科技是个新鲜词汇，但是科学技术在金融领域的应用却是由来已久，并且发挥了不可替代的作用。在金融的发展过程中，许多重大创新往往都与科技的进步和成熟有关。总体上看，科技在金融领域的应用经历了以下三个阶段。

（1）金融业务电子化阶段

自 20 世纪 80 年代开始，随着计算机的逐步普及，金融业开始进入电子化时代。金融管理部门在新型网络支撑下构建了资金清算、同城清算等业务系统，利用卫星通信网络构建了天地对接的电子联行和电子证券交易系统；金融机构设计开发了核心交易系统等，实现金融业务电子化，提升整体处理效率。

（2）金融渠道网络化阶段

进入 21 世纪，互联网技术快速发展，特别是移动互联网和智能手机的兴起，使得互联网成为金融机构与客户连接的关键纽带、信息流和资金流的重要入口。金融服务渠道逐步向线上迁移，网上银行、手机银行、第三方支付等应用兴起，打破了金融服务的时空限制，有效提升了资金配置效率和服务质量。

（3）金融科技新阶段

从 2016 年开始，金融机构利用新兴技术进行业务模式和服务方式革新，创新推出刷脸支付、大数据征信、智能投顾、直销银行等金融产品和服务模式。在此过程中，信息技术不仅提供了电子化与网络化的载体，更成为创新金融产品、发展普惠金融、催生消费需求、推动数字经济发展的重要驱动力。信息技术正逐渐实现由支撑业务向引领业务创新转变。

3. 金融科技对支付行业的影响

作为金融与科技深度融合的时代产物，金融科技不仅给百姓生活、经济社会带来了巨大变化，也让整个金融行业站上了新的风口。在新兴技术发展驱动下，云计算、大数据、人工智能、区块链、物联网等与支付业务深度融合，推动支付清算行业不断创新发展。

（1）金融科技助推支付介质朝数字化转变

近年来，随着人工智能等技术的不断进步，人脸识别、声纹识别、虹膜识别等各种生物识别技术不断涌观，生物特征开始用于标识用户身份，为数字支付提供了安全、便捷、高效的新支付手段。未来，物联网技术的发展应用，将为数字支付的发展提供更多新的介质。

（2）金融科技促进支付场景与金融服务日趋融合

科技进步打破了原有的线上线下金融服务边界。网络支付的发展使支付服务渠道从线下向线上迁移；智能终端和移动通讯技术广泛普及可满足用户在任何时间、任何地点完成支付的需求，使线上线下商业服务和支付服务更加一体化。

同时，科技正在推动支付产业加速向其他金融服务领域渗透，利用大数据技术提炼用户画像和精准营销可广泛应用于金融和非金融领域，基于支付延伸的消费信贷、投资理财、保险等金融服务快速增长，支付与其他金融服务融合趋势日益明显。

（3）金融科技提升支付清算业务处理效率

物联网、云计算、大数据等技术可以较好地解决支付领域的痛点和难点，有效提升支付服务效率，适应互联网渠道交易高并发、多频次、大流量的新特征。例如，利用互联网、物联网打造平台经济模式，可充分整合产业链上下游优势资源，简化供需双方的交易中间环节，从而便利资金供需匹配，提升资金融通效率；利用云计算技术构建跨层级、跨区域的分布式支付系统，可按需分配、弹性扩展资源，最大限度地提高支付业务的响应速度和支撑效率。

（4）金融科技加速支付数据资源整合利用

支付是数据密集型行业。每一笔支付交易，相应地都会产生个人信息、账户信息、交易信息等各种数据信息，这些数据过去大多存储在磁盘之中，并未发挥更多作用。在新技术的赋能下，数据不再只是支付服务的副产品，通过数据挖掘、分析、可视化等技术，数据价值得到进一步开发利用，从产品设计、精准营销到获客导流，从流程优化、信用管理到风险防控，数据成为机构转型升级的重要战略资源和关键生产要素，展现出前所未有的价值与动能。例如，部分机构通过深度挖掘多维数据，不断完善覆盖衣食住行各方面的用户画像，以更加贴近生活场景的方式提供服务。

第二节 金融科技主要技术在支付领域的应用

当前，主流的金融科技包括云计算、大数据、人工智能、区块链、物联网等。我们将分别介绍这些主要的金融科技发展及其在支付行业的应用情况。

1. 云计算——助力优化资源配置

（1）什么是云计算

遥想 2011 年火车票订购网站 12306 刚上线的时候，经常碰到无法登录、无法刷新、无法购票的情况，后来逐渐好转，到现在不管多少访问量网站也能正常运行，这些都要归功于云计算。那么什么才是云计算呢？

美国国家标准与技术研究院（NIST）对云计算的定义为：云计算是一种服务，由一个可配置的共享资源池组成，用户能够按需使用资源池中的网络、服务器、存储设备、应用和服务等资源，不需花费太多精力去管理。我们可以这么理解：网络上足够强大的计算机为你提供的服务，只是这种服务是按你的使用量进行付费的。

如果上面的定义还是很难理解，可以举个生活化的例子：如果你想用水，你绝对不会选择自己去开个水厂，而是打开水龙头并根据自己的使用量给自来水厂交费就可以了。云计算服务提供商就像不同地区的自来水厂一样，为世界各地的人们提供水（软件、服务）。

（2）云计算的兴起

2006 年 8 月 9 日，Google 首席执行官埃里克·施密特（Eric Schmidt）在搜索引擎大会首次提出"云计算"（Cloud Computing）的概念。在云计算出现之前，传统的 IT 部署架构是"烟囱式"的，即"专机专用"系统。在这种部署架构下，一个应用系统部署在一个服务器上，再配套存储设备和网络连接。在当时，如果用户希望建设一个属于自己的网站，需要先找 IT 服务商租用硬件设备，通过每年支付一笔昂贵的租金获得网站的计算、存储和网络资源，之后网站的建设、维护都要自己负责。对于应用系统较多、规模较大的企业，例如互联网公司、银行等，往往会自己建立数据中心，购置服务器、存储设备等硬件。再有新的应用系统要上线的时候，通过分析其资源需求，确定基础架构所需的计算、存储、网络等设备的规格和数量。

在这种部署模式下，硬件的配置和应用系统需要的 IT 资源很难完全实时匹配。例如在"双十一"时，淘宝、天猫等购物网站的业务量猛增，对 IT 资源的需求也相应增加，而在常规情况下，这些应用系统则不需要这么多的 IT 资源，如果按照"双十一"当天的资源需求量来配置 IT 资源，则会导致整体 IT 资源的利用率非常低。这就好比中国的春运问题，我们不可能按照春节的运力要求建设铁路，所以一票难求的问题就总是存在。

另外，在"专机专用"的部署模式下，一旦搭载该应用系统的硬件设备宕机，对应的应用系统随即也无法使用，将严重影响业务的开展。

2010 年，云计算风起云涌，利用虚拟化技术的云基础架构有效地解决了传统基础架构的问题。相比烟囱式的传统部署架构，云基础架构在原有的计算、存储、网络硬件层的基础上增加了虚拟化层和云层。通过将基础硬件设备做虚拟化，屏蔽了硬件层自身的差异性和复杂度，形成统一资源池，并通过云层对资源进行统一调度，支持不同应用系统实时动态调整资源需求，实现真正的资源按需配置，不仅提升了 IT 资源的利用效率，而且有效降低了应用系统对于硬件的依赖性，保障系统稳定。

就像前面提到的"全球最忙碌的网站"12306 自开通以来，几乎每年春运都会出现系统崩溃，无法订票或查询的现象，这一方面是因为访问量实在太高且超出了服务器的处理能力，另一方面是因为采用传统架构服务器的数据中心应对海量并发访问的能力不足。如果不从根本上解决传统架构与云应用不匹配的问题，单纯地加大硬件投入，堆砌并发数，不仅无法解决日益上升的高并发访问，还会导致成本、空间、能耗的上升，对于解决系统崩溃问题于事无补。而云服务器恰恰是针对高并发要求、低计算场景的要求而研制的，对于应对大量的高并发访问场景可谓得心应手。

基于云基础架构的云计算服务能够按照用户需求提供资源配置，通常云计算服务厂商会提供云主机、云硬盘、云数据库等各类产品。以云主机为例，用户能够自主选择云主机的 CPU（中央处理器）数量、内存大小、镜像、系统盘和数据盘的容量等配置，并根据配置按年、按月或者按时付费，这极大地方便了用户动态使用 IT 资源，逐渐成为主流的 IT 服务方式。

（3）云计算的服务形式

云计算有三种服务形式：IaaS（Infrastructure as a Service，基础即服务）、PaaS（Platform as a Service，平台即服务）、SaaS（Software as a Service，软件即服务）。三者的区别可以用吃包子来类比。

在本地部署的 IT 设施就像在家自己制作包子，需要从包子馅、配料、面团等原始材料开始准备，耗费大量时间和精力，经过包包子、蒸包子等工作，最终享用美食。

IaaS 则类似于从超市买回速冻包子，能够省去前期所有包包子的准备工作，直接上蒸笼蒸包子，最后享用即可。IaaS 公司为用户提供场外服务器、存储和网络硬件，为用户省去了装修机房、购置硬件设备、部署网线等"原材料加工"的工作，不仅节省了硬件维护成本和办公场地，而且用户可在任何时候利用这些硬件来运行其应用。

PaaS 就像叫外卖，不仅省下了包包子的劳动，也不需花费时间去蒸包子，可直接在餐桌上享用。PaaS 公司在网上提供各种开发和分发应用的解决方案，比如虚拟服务器和操作系统。不仅节省了用户在硬件上的费用，也让分散的工作室之间的合作变得更加容易。

而 SaaS 则是去包子店吃包子，省去了所有的工作，甚至收拾餐桌、准备饮料、刷锅刷碗都无须再做，只需支付一定金额，即可享用美食和服务。SaaS 大多通过网页浏览器来接入，即任何远程服务器上的应用都可以通过网络来运行。

在三种服务形式中，IaaS 作为云计算的基础层，技术壁垒和产品标准化程度最高，市场发展速度最快，在全球范围内都属于云计算行业的兵家必争之地。

（4）云计算在支付领域的应用

目前，以云计算为代表的新一代信息化建设方案已在支付行业中落地实施，支付机构已开始实施云端转型策略。

①云支付

云支付是云计算在支付领域的最新应用，云支付定位于实现金融支付服务能力的"云化"，利用高速互联网的传输能力，将用户所有的交易数据和服务都放在"网络云"中，用户只需使用终端设备发送业务需求指令即可。基于 B2B、B2C、C2B、C2C 等支付场景，云支付从打通支付场景、构建全新的支付方式、设计支付场景等方面入手，根据不同行业、不同业务场景、不同客户群体、不同受理渠道的支付需求进行处理，为客户提供优质、高水平的创新支付方式和产品。

②支付 + SaaS 模式

作为一种以互联网为基础提供软件服务的模式，SaaS 因其简化管理、快速迭代、灵活付费和持续服务等优势，获得了越来越多行业客户的青睐。支付产生的数据价值与 SaaS 服务存在天然契合，并在后续 SaaS 服务中，还将持续产生更多的支付数据。基于以上优点，银行和支付机构纷纷开始为商户提供基于 SaaS 的服务，帮助客户将资金、营销、数据管理进行整合，提供支付流、信息流、物流三流合一的综合服务。

③私有云平台

为了顺应 IT 架构转型需要，提高服务器的利用率和降低成本，银行和支付机构通过自建或联合科技公司的方式，打造私有云平台，建设更安全可靠、性能强大的基础设施。通过在传统的基础架构上利用云计算进行私有云设计和部署，实现资源共享和按需配置，满足科技创新、打造核心竞争力以及降低 IT 投资运营成本的发展要求。

2. 大数据——驱动业务模式变革

从新闻上看到某城市有流感，人们会不约而同地从搜索引擎上搜索。如果在某一个区域某一个时间，有大量的有关流感的搜索记录，那么就可能存在一种潜在的关联，即在这个地区，很大可能存在对应的流感人群，相关部门就可能发布流感预警信息。相比而言，疾病控制与预防中心利用临床流感数据所发布的预警信息，通常之后两周才得以发布，而搜索引擎预测流感趋势的过程仅需一天，有时甚至可缩短至数个小时。搜索引擎得以快速预测流感趋势这都要归功于大数据。

（1）什么是大数据

2011 年以来，大数据一词越来越多地被提及，人们用它来描述信息大爆炸时代所产生的海量数据，并以新的方式、方法使用这些数据，获得相应的产品或服务。总结起来，大数据有三层内涵：一是数据量巨大、来源多样和类型多样的数据集；二是新型的数据处理和分析技术；三是运用数据分析形成价值。

（2）大数据的特点

在数据化进程中，我们每个人都是大数据的贡献者，同时也是消费者。最典型的例子就是地面导航。当你用导航设备进行导航时，就在运用数据化社会的成果，同时也在提供数据。在城市，车载导航系统综合运用大数据可以告诉你哪条路拥堵、哪条路畅通；与此同时，你的车行速度、行车模式上传到数据云，经过数据挖掘会告诉更多的人你目前所在道路的车行速度及交通拥堵情况。这就是数据化社会生活的一个缩影。

数据是数字化时代的"石油"，而大数据就是数字化时代的"冶炼工艺"。通过数据的收集、存储、分析和可视化技术，解决大数据海量、高速、多变、低密度的问题，使数据从散乱的信息，整理后变成知识和智慧，可以帮助组织解决发展中遇到的各种实际问题。

（3）大数据在支付领域的应用

目前，大数据技术在支付产业得到了广泛的发展应用。通过对海量、多样化的数据进行价值挖掘和技术萃取，全方位和多维度地为消费主体"信用画像"，提高了信用评价的全面性和实时性，提升了支付结算的资源配置效率，强化了风险管控能力，有效促进了支付产业的创新发展。

在消费环节，通过大数据精准提炼用户画像，对用户行为进行深度分析。在营销环节，在对客户精准分层的基础下，针对不同层次用户进行精准营销，同时也能为特约商户定制财务管理、营销规划等服务。在征信环节，通过实名认证用户身份信息核实和个人消费信用数据分析，建设大数据消费信用体系。在风险防控环节，基于海量数据的大数据分析，为支付风险防控提供更强的决策支持，打造全数据、自动化、高时效的支付风险防控体系，既可以实现对高风险交易用户的身份进行各种强度的验证和鉴别，又可借助高可靠性数据控制支付风险。

3. 人工智能——创新智能产品与服务

（1）什么是人工智能

自从阿尔法狗战胜中日韩三国围棋高手后，人们对人工智能的关注热情迅速高涨起来。人工智能（Artificial Intelligence，AI）是指对人类智能的模拟、延伸和扩展，包括人工智能理论、方法、技术及应用系统，是一门综合性学科，涉及计算机科学、哲学和认知科学、数学、控制论、信息论、神经生理学、心理学、语言学等多学科。科学技术已经实现了机器对人类体力劳动的替代，人工智能将实现机器对人类脑力劳动的替代，研究人工智能的最终目的是制造出能像人一样行动、思考的机器。

近年来，人工智能取得快速发展，并不断深入应用到各个领域当中。凭借强大的数据处理能力以及自我学习能力，人工智能在金融领域得到广泛应用，影响力不断扩大。目前人工智能技术在金融领域中的应用主要集中在智能客服、智能投资顾问、智能投研、智能营销、金融风险防控等方面。

（2）人工智能包含哪些基础技术

提到人工智能，我们经常会听到语音识别、计算机视觉等一些技术名词，这些都是人工智能的基础技术，接下来就介绍一下各项技术的含义。

①语音技术

语音技术在计算机领域中的关键技术有语音识别技术（ASR，也称自动语音识别技术）、语音合成技术（TTS）和声纹识别技术。语音识别技术，是指将人类的语音信号转变为机器所能识别的信号的技术；语音合成技术，就是将外部输入的文字信息转变为可听的声音信息的技术；声纹识别技术，是根据语音波形反映说话人生理和行为特征的语音参数、自动识别说话人身份的技术。

②计算机视觉（图像识别技术）

计算机视觉是用摄像机和计算机代替人眼，对目标进行识别、跟踪和测量，并对图形进行电脑处理，建立从图像或多维数据中感知"信息"的人工智能系统。AI 在计算机视觉上的具体应用包括光学字符识别技术（OCR）、视频结构化技术以及图片结构化技术。

光学字符识别技术是利用光学技术和计算机技术把印在或写在纸上的文字读取出来，并转换成一种计算机能够接受、人又可以理解的格式，可用于身份证、银行卡等证件识别，还能实现文字的高速录入。视频结构化技术是通过计算机视觉技术对视频图像中的人、车、物进行结构化信息提取后，对视频结构化信息进行快速地检索、查询，主要应用包括车辆及车辆行为分析、人体属性/行为分析及跟踪、人群密度分析、物品智能识别及定位等。图片结构化技术是对图片中的人、车、物进行结构化信息提取，可用于人脸识别、工业视觉检测，还可用于以图搜图、车辆特征识别、物体/场景识别、人体属性识别等应用场景。

③自然语言处理（NLP）

自然语言处理是研究人与计算机之间用自然语言进行有效通信的理论和方法，是将语言学、计算机科学、数学等融为一体的科学，通过编码器实现形式化描述到数学模型算法化再到程序化，最终实现实用化的过程，主要包括语言翻译技术、情感分析技术、人工智能对话等。

语言翻译技术包括基于规则的翻译与基于统计的机器翻译。人工智能时代，主要是让机器可以进行自主地学习。机器翻译主要使用的是循环神经网络结构，上一次的输出可以作为这次的输入继续参与计算，即在翻译的过程中，机器也会不断地学习，资料库与翻译数量越多，翻译的也会更加的准确。情感分析技术主要基于情感词典，首先要在相关领域有尽可能完备的词库，通过机器学习，实现对语义的理解，实现情感走向的正负判断。人工智能对话基于知识图谱，让机器将事务之间通过各种关系连接起来，从而能够在理解问题的基础上通过图谱找到答案，同时机器可以进行自主学习，不断更新与完善知识图谱。

④用户画像

用户画像是根据用户社会属性、生活习惯和消费行为等各类信息抽象出的一个标签化的用户模型。除了"标签化"，用户画像还有"低交叉率"的特点，即当两组画像除了权重较小的标签外其余标签几乎一致，那就可以将二者合并，弱化低权重标签的差异。

（3）人工智能在支付领域的应用

目前，人工智能在金融行业广泛渗透，已应用于账户、工具、系统、监管等支付领域，并已有诸多应用实践。

生物识别打造极致便捷的支付体验。流程的优化、交互介质的革新为支付带来更极致的便捷体验。以人脸识别、声纹识别、虹膜识别等为代表的生物识别技术在支付场景中的应用，进一步简化了支付流程，提升了支付效率，并基于生物特征的独一无二性有效地保障了支付安全。

深度学习打造智能反洗钱系统。线上支付在为交易行为提供便利的同时，由于其方便快捷、高度隐蔽、跨地域等特点，也给反洗钱工作带来新的挑战。人工智能技术在反洗钱工作中的运用，可以对交易行为、资金流向以及风险程度等进行全面监控，有效提升其效率和精准度。

📖 知识拓展25：生物识别技术发展方兴未艾

生物识别是利用计算机运算能力和生物统计学方法，将要被识别生物特征样本和预先保存的人体固有生物特征模板进行匹配比较，得出相似度值，达到鉴别个人身份目的的技术。主要包括指纹、人脸、静脉、虹膜、声纹、掌纹等体表的和内在的多种生物特征识别技术。

生物识别技术主要解决两个问题，一个是"我是我"，另一个是"我是谁"。用术语表达，则是"身份认证"和"身份识别"。身份认证是"判断用户是否是他声称的身份"，通过对比用户的生物特征与历史注册库中其对应身份模板进行对比，通过计算给出相似度，来判定用户的身份，是一比一（1∶1）的比较。身份识别是"识别用户的身份信息"，与历史注册库信息中海量生物特征模板进行对比，通过计算返回相似度最高的身份信息，是一对多（1∶N）的比较。

相比于传统的安全技术和产品，生物识别技术具有精度高、速度快、防伪性好等特点，在金库管理、柜台身份认证、网上金融与电子商务等领域都已经有很好地应用。生物识别技术在金融领域的应用也日益增多，由最初单纯的身份识别（门禁与考勤等）逐步扩展到与人们生活息息相关的各个方面，比如远程开户、无卡取款、刷脸支付、在线信贷等。与此同时，伴随支付方式多样化、个性化和便捷化的发展，生物特征也正在由"支付密码"向"支付账户"转变。消费者在进行消费时不需要再携带现金、银行卡或手机，只需直接扫描生物特征并通过辅助设备输入相关密码，即可完成交易。

目前支付环节中对生物识别应用比较多的是指纹识别和人脸识别，用来代替输入密码的环节。生物识别为支付提供"天然密码"，能够解决支付场景端"身份验证"或者"活体唯一识别"的问题。支付包括"身份验证"和"资金转移"两个步骤，其中身份验证是保证支付安全的前提。"账户+密码"的安全防护手段面临账户冒用、密码遭受攻击等风险，例如，中国人民银行要求目前阶段使用刷脸进行支付时，必须要求输入个人识别码PIN，以保证消费者的主观意愿。生物识别技术基于人自身生物学特征的"自然密码"而非"数字密码"进行身份识别和验证，一方面可以有效防止手机丢失、机器攻击、冒用身份等带来的支付欺诈风险，另一方面也能简化支付流程，提高支付效率，实现支付安全性和便捷性的统一。目前，随着活体检测、3D图形、红外光线等技术的成熟，人脸支付技术逐渐从实验室走入大众的生活中，银联、支付宝、微信纷纷推出了各自的刷脸支付产品，实现支付交互的"脱媒化"和支付唤起的"无感化"。

4. 区块链——推动"去中心化"的模式重构

(1) 什么是区块链

2009年，比特币正式上线。这种不受中央银行和任何金融机构控制的新兴虚拟货币迅速在全球范围引起广泛关注。区块链的概念是在2008年由比特币的创造者中本聪在论文《比特币：一种点对点的电子现金系统》中首次提出的。中本聪针对借助金融机构作为第三方来处理互联网贸易电子支付信息的方式中存在的点与点之间缺乏信任、中介机构存在增加交易成本、系统未有效发挥防止双花功能等问题，提出构建一个新的数据结构和交易信息加密传输的基础技术（即区块链技术），并在此基础上创建了比特币。

2015年10月，《经济学人》杂志封面文章《信任的机器》提出了一个非常重要的问题：区块链到底解决什么问题？文章的答案是——解决的是信任，"真正的创新不是币本身，而是铸造这些币的信任，这种机器带来比币多得多的远景承诺"。今天大家对区块链充满了期望，其实是因为看到了区块链技术的远景和承诺，在各行各业解决信任方面的潜力。

2019年10月24日，中共中央政治局就区块链技术发展现状和趋势进行集体学习。习近平总书记在主持学习时强调，要把区块链作为核心技术自主创新的重要突破口，加快推动区块链技术和产业创新发展，明确了区块链技术的发展目标、主攻方向、重点任务和安全措施。

从目前普遍接受的定义来看，区块链是分布式数据存储、点对点传输、共识机制、加密算法等计算机技术的新型应用模式。区块链并非是一种颠覆式技术，而是现有技术的集成式创新，这些技术早已出现。例如，共识算法早在20世纪60年代就开始进行学术探讨，20世纪90年代初密码学家开始探讨智能合约。可以说，区块链技术是各项相关技术在分布式网络技术上的一次成功的集成。

但是对于很多人来说，区块链这个词虽然听过很多次，但总觉得隔着一层纱，我们可以把区块链看作一个大的账本，这个账本有这样一些特点：

①分布式记账

区块链这个大的账本是由很多人一起来记账的，每个参与的人都能一起来记账，所以区块链的一个特点就是分布式记账。那么为什么这么多人会抢着去记账呢？是因为事先设定了规则：谁第一个抢到了记账的权利并且准确记账是有奖励的。比如在比特币里，所有的转账情况每隔10分钟需要记一次账，那么第一个抢到记账权并且成功记账的人可以拿到相应的奖励，一旦这次已经有人记账成功，其他人审核无误之后，会将这次记账抄到自己的账本上，再去抢下一个10分钟的记账权。

②账本公开

在区块链里面，每个人都有自己单独的账本，并且为了防止有人作弊，可以随时接受其他人审查。所有的记账数据也是公开的。拿比特币举例，在网络上可以查到比特币自2009年运行以来所有账户的资产流动情况。也就是说，所有的账目都是公开透明的，可以随时查看任意转账、收支情况。

③账目可追溯

在区块链每一次记账的时候会打上一个独一无二的记号，后面的记账都会带上前面的每次记号，所以每一笔账都是可以往前追溯查看。

（2）区块链的分类

根据应用场景的不同，区块链可以分为公有链、私有链、联盟链三种。

①公有链是指任何人都可以随时进入系统中读取数据、发送可确认交易、竞争记账的区块链。公有链通常被认为是"完全去中心化"的，因为没有任何个人或者机构可以控制或篡改其中数据的读写。公有链通常通过代币机制来鼓励参与者竞争记账，来确保数据的安全性。典型的应用有比特币、以太坊一类的加密数字货币。

②私有链则与公有链相反，是指其写入权限由某个组织或机构控制的区块链，该区块网络的写入权限由该组织或者机构全权控制，数据读取权限受组织规定，要么对外开放，要么具有一定程度的访问限制，其参与节点的资格也会被严格限制。由于参与节点是有限和可控的，因此私有链往往可以有极快的交易速度、更好的隐私保护、更低的交易成本、不容易被恶意攻击，私有链通常被应用于由单一机构运营管理的区块链应用中。

③联盟链则是介于公有链以及私有链之间的区块链，通常由若干个机构共同参与管理的区块链，每个机构都运行着一个或多个节点，其中的数据只允许系统内不同的机构进行读写和发送交易，并且共同来记录交易数据。联盟链可实现"部分去中心化"，适用于不同实体间的交易、结算等 B2B 交易。

（3）区块链的发展应用

随着区块链技术的不断发展，其在各领域应用试点步伐持续加快，其中部分项目已落地投产。

在产品溯源领域，区块链的分布式记账、时间戳和共识机制等特性，有助于追踪记录商品从生产到零售的全部环节，实现食品和药品领域溯源，杜绝假冒伪劣产品。

在政务民生领域，区块链技术有助于推动政务民生领域的开放度、透明度，促进跨部门的数据交换和共享。在政务方面，区块链目前主要应用于政府数据共享、互联网金融监管、电子发票等；在民生方面，主要应用于精准扶贫、医疗健康、智慧出行、社会公益服务等。

在电子存证领域，区块链技术具有防止篡改、事中留痕、事后审计、安全防护等特点，有利于提升电子证据的可信度和真实性，降低电子数据存证成本，提高存证效率，为司法存证、知识产权、电子合同管理等业务赋能。2018 年 9 月 7 日，最高人民法院印发《关于互联网法院审理案件若干问题的规定》，承认了区块链存证在互联网案件举证中的法律效力。

在金融服务领域，区块链技术凭借其开放式、扁平化、平等性的系统结构，操作简化、实时跟进、自动执行的特点，与金融行业具有天然的契合性。目前国内已有一定数量的金融业应用通过了原型验证和试运营阶段，涉及供应链金融、资产证券化（ABS）、跨境支付、数字票据交易、信用证交易等细分领域。

（4）区块链在支付领域的应用

跨境支付。跨境贸易是区块链在支付领域应用的天然场景。一直以来，跨境支付领域一直存在着支付程序冗长、费用高昂、时效性低的缺点，而区块链技术能够实现交易双方的直接连接，改变传统跨境支付代理行模式下的资金转移和信息传递方式，提高跨境支付效率、降低业务成本。

数字票据交易。票据是在货币或商品流通中为体现债权、债务的发生、转移和偿付而使用的一种信用工具，可用作贸易中的支付结算和企业短期融资。但在流通过程中也存在信息不透明、操作不规范等核心痛点。区块链的可追溯、可信任、分布式存储等技术特点和票据对真实性、防篡改的要求可以天然契合。

信用证交易。基于区块链技术建立的信用证系统，通过同步机制提高开证、通知及审单效率，使业务各流程更加透明可追踪，且与传统系统相比交易费用更低。

5. 物联网——加快社会数字化步伐

（1）什么是物联网

想象一下，未来衣服可以"告诉"洗衣机放多少水和洗衣粉最经济；文件夹会"检查"我们忘带了什么重要文件；食品蔬菜的标签会向顾客的手机介绍自己是否真正"绿色安全"。这就是即将到来的物联网世界给我们绘出的美好生活蓝图。

物联网意味着原先不曾连上网的设备，像是家中的家电产品，透过WiFi 或蓝牙方式连上网，能够用手机等设备控制这些家电，为我们做事情。未来的家庭生活有了物联网的应用，搭配记录家中成员的生活习惯，甚至可以让机器事先运作，比如到家前先开好空调，一踏进家门就能感受最舒适的温度。

物联网还能够通过物品来实现对人的监控与保护。遇到酒后驾车的情况，如果在汽车和汽车点火钥匙上都植入微型感应器，那么当喝了酒的司机掏出汽车钥匙时，钥匙能透过气味感应器察觉到一股酒气，就通过无线信号立即通知汽车"暂停发动"，汽车便会处于休息状态。同时"命令"司机的手机给他的亲朋好友发短信，告知司机所在位置，提醒亲朋好友尽快来处理。这些都是物联网在不久的将来可能提供给我们令人兴奋的前景。

物联网的定义是通过射频识别（RFID）、红外感应器、全球定位系统、激光扫描器等信息传感设备，按约定的协议，把任何物品与互联网相连接，进行信息交换和通信，以实现对物品的智能化识别、定位、跟踪、监控和管理的一种网络。通俗地讲，物联网即"万物相连的互联网"，是在互联网基础上延伸和扩展的网络，它将各种信息传感设备与互联网结合起来，形成一个巨大的网络，实现在任何时间、任何地点，人、机、物的互联互通。

（2）物联网的基本特征

人、机、物之间的信息交互是物联网的核心。因此物联网的基本特征从通信对象和过程来看，可概括为整体感知、可靠传输和智能处理。

整体感知——可以利用射频识别（RFID）、二维码、智能传感器等设备感知获取物体的各类信息，即通过这些技术让物品能够"开口说话"。

可靠传输——通过对互联网、无线网络的融合，将物体的信息实时、准确地传送，以便信息交流和分享。

智能处理——使用各种智能技术，对感知和传送到的数据、信息进行分析处理，实现监测与控制的智能化。

（3）物联网在支付领域的应用

物联网技术有助于加速支付行业向数字化方向演进，将资金账户和设备 ID 连接，有望实现万物皆可支付。物联网在支付产业的应用主要包括以下两个方面。

首先是基于 RFID 无线射频识别等技术的支付结算，主要应用于无人便利店。目前普遍的做法是将 RFID 芯片置入商品的外包装中来感应商品。如在结算时，传统商店售货员需要对顾客购买的商品品种和数量进行统计，但由于无人便利店内没有售货员，这个过程只能通过计算机来完成。物联网在无人便利店结算阶段可提供两种支付解决方案：一种是基于计算机视觉的物体识别技术，通过摄像头对商品进行识别，并与店内出售的商品进行对照自动完成支付；另一种是基于 RFID 电子标签，能够实现商品信息的自动读取实现无感支付。

其次是基于物联网 + 大数据 + 区块链 + 人工智能技术的支付闭环。如客户在任何地方看到商品后，只要拿出手机扫码或者用 NFC 手机贴一下某个物品的某个特定的位置，用户就可以了解该物品的价格、规格，以及网上销售或者线下销售渠道等相关信息，用户可以及时选择支付购买和拒绝购买。另外，被交易的商品通过物主的授权，可以被再次交易。而一旦商品被购买，用户的数字签名将显示在该商品之中，通过区块链技术进行记录，明确商品归属。

第三节　金融科技带来的风险及应对

科技的进步给支付产业的发展带来了巨大的便利，但与此同时也给金融风险和金融犯罪的滋生提供了土壤，给金融科技监管和金融消费者合法权益保护带来新的挑战。

1. 金融科技带来的主要风险

(1) 金融科技背景下金融业务风险更加复杂

一是金融风险传染性更强。金融科技使跨界金融服务日益丰富，不同业务相互关联渗透，风险"牵一发而动全身"。例如2015年大量不明来源资金通过恒生电子HOMS系统流入股市，引发股市泡沫，导致风险迅速从股市传染至银行业和房地产市场。

二是隐蔽性更高。部分金融科技创新打着高科技的幌子，将业务粉饰包装，其风险被表象掩盖，更有甚者借此开展非法集资，严重危害公众财产安全。例如2017年9月，中国人民银行等七部委发布了《关于防范代币发行融资风险的公告》，指出ICO为非法金融活动，严重扰乱金融秩序，并叫停了国内所有代币的融资项目。

三是传播速度更快。金融科技推动服务网络化、数字化和智能化，既打通行业边界和产业链上下游，也打破风险传导的时空限制，使风险传播速度成指数级增长。例如2018年6月以来发生的网贷机构倒闭潮，起因是少数较大机构出现逾期或跑路，市场上产生的紧张情绪迅速蔓延到整个网贷和互联网理财行业，严重影响投资者信心进而引起的连锁反应。

🔊 风险提示8：警惕ICO等代币发行融资风险

近年来，通过发行代币形式包括首次代币发行（ICO）进行融资的活动大量涌现，投机炒作盛行。代币发行融资是指融资主体通过代币的违规发售、流通，向投资者筹集比特币、以太币等所谓"虚拟货币"，本质上是一种未经批准非法公开融资的行为，涉嫌非法发售代币票券、非法发行证券以及非法集资、金融诈骗、传销等违法犯罪活动。

代币发行融资中使用的代币或"虚拟货币"不由货币当局发行，不具有法偿性与强制性等货币属性，不具有与货币等同的法律地位，不能也不应作为货币在市场上流通使用。代币发行融资与交易存在多重风险，包括虚假资产风险、经营失败风险、投资炒作风险等，投资者须自行承担投资风险。2017年9月，中国人民银行等七部委发布了《关于防范代币发行融资风险的公告》，指出ICO为非法金融活动，严重扰乱金融秩序，并叫停了国内所有代币的融资项目。社会公众应当强化风险防范意识和识别能力，及时举报相关违法违规线索，谨防上当受骗。

（2）技术应用不当带来新的风险隐患

金融科技促进金融业务与技术紧耦合，技术不合理应用可能导致一系列风险。一方面，部分技术本身存在安全隐患或未得到充分验证，在创新应用过程中可能带来新的风险。例如，亚太区某大型银行错误使用了人工智能算法，出现了假设不正确、数据输入错误、模型故障等失误，最终导致了40亿美元的损失。人工智能算法错误的原因包括数据质量、概念可靠性、技术或实施错误、关联度或时间不一致以及波动不确定等。但金融机构也可以采用多种风险控制策略予以应对，关键在于开发更严谨、成熟的模型算法，提高数据质量改进执行效率，通过深入细致的验证以及持续不断的监控改善人工智能算法。

另一方面，部分机构在新技术创新应用过程中，存在数据保护、容错应急机制不完善等问题，可能引发新的风险。例如2018年2月5日，美国股市由于数据模型缺陷、人工智能算法共振（很多金融公司使用机器算法来执行交易，当美国国债收益率上涨到3%时，机器交易员按设定程序抛售股票买入债券，造成美股"闪崩"）和应急机制缺失，导致道琼斯工业指数一度重挫1597点，引起股市剧烈波动。

（3）金融网络安全风险愈发突显

一是互联网的开放、虚拟使金融系统更易受到不法分子攻击和入侵。不法分子通过截获交易信息，假冒合法用户发起支付交易，给用户造成经济损失；通过恶意代码扰乱网络正常运行，造成服务中断、非法入侵、拒绝服务等危害。例如，2016 年孟加拉国央行电脑系统由于遭受黑客攻击，不仅导致大量资金被窃，也引发了民众对转账支付系统网络安全的担忧。

二是部分金融机构网络安全系统不完善，金融信息安全管控机制不健全，导致服务中断事件时有发生，业务连续性水平亟待提高。同时机构间风控水平等参差不齐，风险洼地效应明显，单个节点出现问题可能"牵一发而动全身"，增加整个金融网络安全隐患。

（4）金融信息泄露风险危害不断扩大

金融科技背景下，数据已成为机构的重要资产和核心竞争力。但部分机构在积累、收集大量用户数据的同时，信息安全保护意识薄弱、手段不足，信息传输、处理、保存方式不当，存在数据泄露问题。《2019年全球数据泄露成本报告》显示，在数据泄露事件中，51% 的事件涉及恶意数据泄露，49% 涉及人为错误和系统故障。此外，由于网络数据低成本、易获取、便于二次传递的特性，使得数据过度采集、数据倒卖、一次授权重复使用的违法违规行为屡见不鲜。

2. 如何应对金融科技风险

金融科技是把双刃剑，在鼓励金融创新的同时，更应注意防范金融风险。平衡好安全与发展的关系，协同好金融与科技的关系，兼顾好继承与创新的关系，趋利避害，充分发挥科技赋能作用，维护好广大金融消费者合法权益，坚决守住不发生系统性金融风险底线。

（1）做好金融科技顶层设计与统筹规划

结合当前我国金融科技发展现状和国际经验，应加强金融科技的顶层设计和统筹规划，厘清业务边界，指明发展方向，创造有利条件，推动金融科技健康有序发展。近年来，我国先后出台《国务院关于促进云计算创新发展培育信息产业新业态的意见》《促进大数据发展行动纲要》《新一代人工智能发展规划》等政策文件，为金融科技发展创造了良好政策环境。2019 年 9 月，中国人民银行印发《金融科技（FinTech）发展规划（2019—2021 年)》，明确提出未来三年金融科技工作的指导思想、基本原则、发展目标、重点任务和保障措施，指出了金融业务进行安全风险防范的重要性，以及加强监管的必要性。

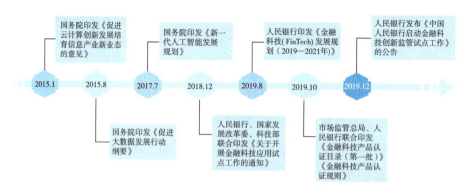

图 9.1　金融科技主要政策梳理

（2）推进金融科技标准化建设

随着金融科技的兴起，金融服务产品突破单一机构局限，设计、生产和销售可由不同机构分担，要穿透不同环节识别金融服务产品属性，迫切需要标准化手段，尽快建立完备的金融产品标准体系，规范金融产品的设计、生产、销售的全链条。同时持续推动金融国家标准、行业标准、团体标准、企业标准协调发展，从行业管理和安全管理的角度，推动标准在各方面的落地，通过标准建设规范引导金融科技创新。

（3）加强金融网络安全风险防范

网络安全事关广大人民群众生命财产安危。严格落实《中华人民共和国网络安全法》等国家网络安全法律法规及相关制度标准，持续加大网络安全管理力度，增强与网信、公安、工信等部门的协调联动，提高金融业关键软硬信息基础设施安全保障能力。完善网络安全技术体系建设，健全应急管理体系和灾难备份系统。加强网络安全态势感知，动态监测分析网络流量和网络实体行为，建设跨业态、统一的金融网络安全态势感知平台，支撑金融业网络攻击溯源和精确应对，提升重大网络攻击的全面掌控和联合处置能力。

（4）强化金融信息安全管理

金融业是对信息安全高度敏感的行业，应遵循"用户授权、最小够用、全程防护"原则，建立健全信息安全管理长效机制和防护措施，充分评估潜在风险，把好安全关口，加强信息全生命周期安全管理，严防信息泄露、篡改、损毁与不当使用。在采集环节，要向被采集用户进行明示，明确告知采集和使用的目的、方式以及范围，在获取用户授权后方可采集。在存储环节，通过特征提取、标记化等技术将原始信息进行脱敏，并与关联性较高的敏感信息进行安全隔离、分散存储，严控访问权限，降低数据泄露风险。在使用环节，借助模型运算、多方安全计算等技术，在不归集、不共享原始数据前提下，仅向外提供脱敏后的计算结果。

📖 读书笔记

1. 金融科技是技术驱动的金融创新，旨在运用现代科技成果改造或创新金融产品、经营模式、业务流程等，推动金融发展提质增效。

2. 金融科技给金融行业带来的重要影响包括：金融产品服务更加智能、业务场景结合更加紧密、数据资源价值更加凸显、经营管理模式更加灵活。

3. 金融科技的主要技术包括：云计算、大数据、人工智能、区块链、物联网。

4. 金融科技对支付清算行业的主要影响包括：助推支付介质朝数字化转变、促进支付场景与金融服务日趋融合、提升支付清算业务处理效率。

5. 金融科技带来的主要风险挑战包括：金融科技背景下金融业务风

险更加严峻、技术应用不当带来新的风险隐患、金融网络安全风险越发凸显、金融信息泄露风险危害不断扩大。

6. 应对金融科技风险的主要举措包括：做好金融科技顶层设计与统筹规划、推进金融科技标准化建设、加强金融网络安全风险防范、强化金融信息安全管理。

第十章　如何防范电信网络新型欺诈

"是×××吗，你的银行账户涉嫌毒品洗钱犯罪，请配合我们调查一下。"

"我是你的领导，马上将钱转到下面的账户里，急用。在开会，勿回电。"

"您好，您的航班由于飞机机械故障，无法按时起飞，请点击下面链接办理退款……"

相信大家曾亲身经历过或听人口耳相传过这类花样百出的电信网络欺诈事件，上述便是"冒充公检法""冒充领导""谎称机票退款"欺诈类型的典型开场白。

那么，什么是电信网络新型欺诈？我国支付领域欺诈现状如何？如何防范欺诈，保护自己的钱袋子？

第一节　电信网络新型欺诈的定义与分类

1. 电信网络新型欺诈的定义

当前，我国最为常见的欺诈是"电信网络新型违法犯罪"。电信网络新型违法犯罪是指不法分子利用电信、互联网等技术，通过发送短信、拨打电话、植入木马等手段，诱骗（盗取）被害人资金汇（存）入其控制的银行账户和支付账户的违法犯罪行为。电信网络新型违法犯罪最显著的特点就是非面对面，通过电话、网络等途径进行远程欺诈。

2. 电信网络新型欺诈的分类及常见套路

美联储将欺诈类违法犯罪分为授权类欺诈、非授权类欺诈和道德欺诈。从日常生活欺诈发生的实际场景角度看，我国公安部将林林总总的欺诈案件归纳为不同种类的套路。为了让大家对欺诈有着更切实的了解，我们针对欺诈的各个专业类型，给出一些常见的、具体的场景及套路。

了解了这些套路之后，我们就能够不被"套路"，能够提前识别，提前进行防范。

（1）授权类欺诈

授权类欺诈是指以非法占有为目的，通过虚构事实、隐瞒真相等方式，利用追逐利益或服从权威的心理骗取受害人信任，在获得账户持有者真实意愿授权的情况下，由受害人直接向犯罪分子指定账户转账的行为。

授权类欺诈种类变化较多，通过模拟不同场景事件，甚至配合时下热点，都会生成不同类型的欺诈套路，但其核心始终是骗取受害者信任，引诱其转款给犯罪分子。

📱 **知识拓展 26：授权类欺诈都有哪些类型和套路呢**

1. 冒充熟人类

这类欺诈的主要特点是通过冒充成领导、亲友以及公检法、教育等相关机构工作人员等身份进行欺诈。

（1）冒充领导、公检法诈骗：犯罪分子获知上级机关、监管部门单位领导的姓名、办公电话等有关资料，假冒领导秘书或工作人员等身份打电话给基层单位负责人，以推销书籍、纪念币等为由，让受骗单位先支付订购款、手续费等到指定银行账号，实施诈骗活动。还有一种是犯罪分子通过打入企业内部通信群，了解老总及员工之间信息交流情况，通过一系列伪装，再冒充公司老总向员工发送转账汇款指令。冒充公检法工作人员的案例也比较多，犯罪分子冒充公检法工作人员拨打受害人电话，以事主身份信息被盗用、涉嫌洗钱、贩毒等犯罪为由，要求进行汇款。

（2）冒充亲友诈骗：犯罪分子利用木马程序盗取对方网络通讯工具密码，截取对方聊天视频资料后，冒充该通讯账号主人对其亲友或好友以"患重病、出车祸"等紧急事情为由实施诈骗。

（3）补助救助、助学金诈骗：冒充教育、民政、残联等工作人员，向残疾人员、学生、家长打电话、发短信，谎称可以领取补助金、救助金、助学金，要其提供银行卡号，指令其在取款机上将钱转走。

（4）"猜猜我是谁"诈骗：犯罪分子打电话给受害人，让其"猜猜我是谁"，随后冒充熟人身份，向受害人借钱，一些受害人没有仔细核实就把钱打入犯罪分子提供的银行卡内。

2. 购物类欺诈

这类欺诈的特点是通过以各种虚假优惠信息、客服退款、虚假网店实施欺诈。

（1）假冒代购诈骗：犯罪分子假冒成正规微商，以优惠、打折、海外代购等为诱饵，待买家付款后，又以"商品被海关扣下，要加缴关税"等为由要求加付款项实施诈骗。

（2）退款诈骗：犯罪分子冒充电商平台公司客服，拨打电话或者发送短信，谎称受害人拍下的货品缺货，需要退款，引诱购买者提供银行卡号、密码等信息，实施诈骗。

（3）网络购物诈骗：犯罪分子通过开设虚假购物网站或网店，在事主下单后，便称系统故障需重新激活，然后通过QQ发送虚假激活网址，让受害人填写个人信息，实施诈骗。

（4）解除分期付款诈骗：犯罪分子冒充购物网站的工作人员，声称"由于银行系统错误"，诱骗受害人到ATM前办理解除分期付款手续，实施资金转账。

（5）快递签收诈骗：犯罪分子冒充快递员拨打事主电话，称其有快递需要签收但看不清信息，需事主提供。随后送"货"上门，事主签收后，再打电话称其已签收须付款，否则讨债公司将过去找麻烦。

3. 利诱类欺诈

这类欺诈的特点是以各种诱惑性的中奖信息、奖励、高额薪资吸引用户进行诈骗。

（1）冒充知名企业中奖诈骗：冒充知名企业，预先印刷大批量精美的虚假中奖刮刮卡，投递发送，后以需交个人所得税等各种借口，诱骗受害人向指定银行账号汇款。

（2）娱乐节目中奖诈骗：犯罪分子以热播栏目节目组的名义向受害人手机群发短消息，称其已被抽选为幸运观众，将获得巨额奖品，后以需交保证金或个人所得税等各种借口实施诈骗。

（3）兑换积分诈骗：犯罪分子拨打电话，谎称受害人手机积分可以兑换，诱骗受害人点击钓鱼链接。如果受害人按照提供的网址输入银行卡号、密码等信息，银行账户的资金会立即被转走。

（4）"二维码"诈骗：以降价、奖励为诱饵，要求受害人扫描指定"二维码"加入会员，该"二维码"实则附带木马病毒。一旦扫描安装，木马就会盗取受害人的银行账号、密码等个人隐私信息。

（5）高薪招聘诈骗：犯罪分子通过群发信息，以月工资数万元的高薪招聘为诱饵，要求事主到指定地点面试，随后以缴纳培训费、服装费、保证金等名义实施诈骗。

4. 虚构险情欺诈

这类欺诈的特点是通过捏造各种意外不测、让用户惊吓不安的消息实施欺诈。

（1）虚构车祸诈骗：犯罪分子以受害人亲属或朋友遭遇车祸，需要紧急处理交通事故为由，要求对方立即转账。

（2）虚构绑架诈骗：犯罪分子虚构事主亲友被绑架，如要解救人质需立即打款到指定账户并不能报警，否则撕票。当事人往往不知所措，按照犯罪分子指示将钱款打入账户。

（3）虚构手术诈骗：犯罪分子以受害人子女或父母突发疾病需紧急手术为由，要求事主转账方可治疗。遇此情况，受害人往往心急如焚，按照犯罪分子指示转款。

（4）虚构黑社会敲诈类诈骗：犯罪分子先获取事主身份、职业、手机号等资料，拨打电话自称黑社会人员，受人雇用要加以伤害，但事主可以破财消灾，然后提供账号要求受害人汇款。

5. 日常生活消费类欺诈

这类欺诈的特点是针对日常生活各种缴费、消费实施欺诈。

（1）电话、电视欠费诈骗：犯罪分子冒充通信运营企业工作人员，向事主拨打电话或直接播放电脑语音，以其电话、电视欠费为由，要求将欠费资金转到指定账户。

（2）购物退税诈骗：犯罪分子事先获取事主购买房产、汽车等信息后，以税收政策调整可办理退税为由，诱骗事主到 ATM 上实施转账操作，将卡内存款转入犯罪分子指定账户。

（3）机票改签诈骗：犯罪分子冒充航空公司客服，以"航班取消、提供退票、改签服务"为由，诱骗购票人进行汇款操作，实施连环诈骗。

（4）办理信用卡诈骗：在媒体刊登办理高额透支信用卡广告，事主与其联系后，以缴纳手续费、中介费等要求事主连续转款。

（5）贷款诈骗：犯罪分子通过群发信息，称其可为资金短缺者提供贷款，月息低，无须担保。一旦事主信以为真，对方即以预付利息，缴纳保证金等名义实施诈骗。

6. 其他新型违法欺诈

（1）金融交易诈骗：犯罪分子以证券公司名义，通过互联网、电话、短信等方式散布虚假个股内幕信息及走势，获取事主信任后，引导其在自身搭建的虚假交易平台上购买期货、现货，从而骗取事主资金。

（2）复制手机卡诈骗：犯罪分子群发信息，称可复制手机卡、监听手机通话信息，不少群众因个人需求主动联系嫌疑人，继而被对方以购买复制卡、预付款等名义骗走钱财。

🔍 案例3：冒充上级领导诈骗

某日上午，某镇村民黄某接到一个陌生电话，自称是镇政府领导需要借钱临时应急，被骗2万元。同日下午，旬阳县小河镇村民肖某接到电话称自己是镇政府主任，需要临时应急，被骗现金3万元。

此类案件，骗子狐假虎威，冒充事主领导、老师、朋友或者政府官员拨打事主电话或者加QQ/微信好友，骗取当事人信任，编造"临时手头紧、需要给他人转账送礼、发生意外急需用钱、资金周转、代缴话费、急需缴纳子女出国培训费"等理由，诱使受害人转账。

防骗提醒：凡是自称领导、熟人涉及借款、汇款等问题的，可以先咨询亲属、朋友辨别真伪，可以拨打对方常用号码或者视频聊天等方式，核实对方身份后再做决定。

🔍 案例4：财务人员遭遇"公检法"2小时被骗1919万元

2019年7月，林女士从国外留学回到长沙，成为湖南某大型企业财务管理人员。2019年12月21日下午，林女士接到自称来自福建公安机关的电话，称其涉嫌一桩特大洗钱案，已被公安机关列为通缉对象，并向其出示了一张网络逮捕令。在对方的诱导下，林女士按要求进入其提供的一个"最高人民检察院"的虚假网站，下载了网站中的"资金清算软件"。随后，林女士在该软件页面对应位置输入了公司账户账号和支付密码，并按对方要求将公司对公账户的U盾插入电脑。对方以资金清算需保密为由，要求其关闭电脑屏幕，刘女士照做后，短短两个小时，对方就分 45 次将公司账上的 1919 万元全部转走。

经查，该犯罪团伙诱导林女士下载的所谓资金清算软件实则是一款名叫 Teamviewer 的远程控制软件，犯罪分子正是通过这个软件远程操控了刘女士的办公电脑直接实施转账。

防骗提醒：公检法机关不会通过电话、短信、网络的方式办案；公安机关不会通过网络发布通缉令、逮捕令、财产冻结令等，不会进行所谓资金清算，也不存在任何所谓"安全账户"。

案例 5：淘宝"客服"理赔"支付宝"也是假的

2020 年 4 月 16 日，刘女士接到一个自称淘宝客服的电话，称其最近购买的婴儿纸尿裤质量检测不合格，对此表示万分抱歉，将以十倍的价格进行赔偿，并请刘女士关注一个名叫"极速理赔 1168"的微信公众号办理退款和理赔。刘女士点击进入公众号后，跳转到一个支付宝的界面，她按要求填写完自己支付宝的账户和密码进入后，随即又转到一个填写退款银行和个人信息的页面，刘女士按要求填写完相关信息后，手机便收到一条短信验证码，便在跳转的页面中填写了短信验证码，但页面提示"验证码超时，请重新获取"，随后刘女士的手机收到一条扣款 44950 元的短信。

经查，该微信公众号其实是一个钓鱼网站的链接，所呈现的支付宝页面是假的，刘女士填写的个人信息和银行卡信息通过钓鱼网站被犯罪分子获取，从而盗刷了刘女士银行卡中的全部余额。目前该公众号已被封停。

防骗提醒：接听任何自称客服的电话，切勿轻信，建议通过官方客服电话进行核实确认，同时不要随意点击陌生链接或关注不明来路的微信公众号，切勿在陌生网站填写个人隐私信息或银行卡信息。

（2）非授权类欺诈

非授权类欺诈是指未经第三方授权、协议或授权用户（账户持有人或持卡人）的资源协助，以欺瞒、诱导、行骗的方式，谋取个人利益的清算、结算交易。主要方式包括但不限于盗卡、盗号、身份欺诈等。

📖 知识拓展27：非授权类欺诈有哪些类型和套路

1. 钓鱼、木马病毒类欺诈

这类欺诈的特点是通过伪装成银行、电子商务网站等窃取用户账号密码等隐私的骗局。

（1）伪基站诈骗：犯罪分子利用伪基站向广大群众发送网上银行系统升级、10086移动商城兑换现金的虚假链接，一旦受害人点击后便在其手机上植入获取银行账号、密码和手机号的木马，从而进一步实施犯罪。

（2）钓鱼网站诈骗：犯罪分子以网上银行系统升级为由，向事主发送钓鱼网站，进而获取事主银行账户、网上银行密码及手机交易码等信息实施诈骗。

（3）交通处理违章短信诈骗：犯罪分子利用伪基站等作案工具发送假冒违章提醒短信，此类短信的链接包含木马病毒，受害者点击之后轻则群发短信造成话费损失，重则被窃取手机里的银行卡、支付宝等账户信息，随后实施银行卡盗刷，造成严重经济损失。

2. 信息窃取类欺诈

（1）公共场所山寨WiFi：犯罪分子设置山寨信号，或在公共场合放出钓鱼免费WiFi，当连接上这些免费网络后，通过传输流量数据，黑客就能轻松盗取手机里的照片、电话号码、各种密码，对机主进行敲诈勒索。

（2）窃取验证码：犯罪分子首先窃取受害者的登录账号和密码，通过购买贵金属、活期转定期等操作制造银行卡上有资金流出的假象。然后假冒客服打电话确认交易是否为本人操作，并同意给用户退款骗取用户信任，要求受害者提供自己手机收到的验证码。

（3）道德欺诈

道德欺诈是指被授权使用支付方法（或工具）的个人（或实体），故意实施的欺诈。此类欺诈最为典型的就是大家熟知的"营销欺诈"。

📄 **知识拓展28：道德欺诈有哪些类型和套路**

1. 营销欺诈：指参与营销活动的商户通过系统批量生成卡号、手机号、账号等手段以满足银行或支付机构的营销活动条件，造成银行或支付机构发生大量营销资金损失。

2. 恶意拖欠资金：商户在获取银行商户信贷类产品后，在具有还款能力的情况下，恶意拖欠资金，拒不履行还款义务，造成银行发生资金损失。

3. 恶意否认交易：指持卡人利用银行或支付机构相关处理机制，恶意否认本人支付交易，造成机构发生资金损失。

4. 恶意套现：指持卡人或团伙套取信用卡或消费信贷资金，且恶意不还，造成银行或支付机构发生大量资金损失。

还有一类特殊的欺诈方式，那就是跨境赌博。跨境赌博本质上也是一种欺诈违法犯罪行为。跨境赌博与电信网络欺诈有一些共同的特征，一方面，两者都是骗取钱财，都具有较强的社会危害性；另一方面，都是一头在外，犯罪分子躲在国外，面向大陆实施诈骗和组织网络赌博。而且欺诈和跨境赌博密切相连，互为补充，使这些犯罪活动隐蔽性更强，危害性更大。近年来，跨境赌博十分猖獗，网上招赌屡禁不绝，很多人深陷其中，深受其害，也引发了一系列社会问题，甚至影响到国家金融安全和国家的形象。

▣ 知识拓展29：认识跨境赌博的常见套路和危害性

一、什么是跨境赌博？

（一）跨境赌博的定义与分类

跨境赌博一般是指中国公民以赌资出境方式参与境外赌博的行为。根据参赌方式，又分为跨境线下赌博和跨境网络赌博。

跨境线下赌博通常指参赌人跨越国境，在境外线下赌场实际参与赌博的行为。

跨境网络赌博通常指利用互联网进行赌博的违法行为，其类型繁多，一般是以"结果"型的赌法为主（例如赌球、赌马、网上百家乐等）。现在，网络赌博又衍生出许多电子游戏的形式，如麻将、捕鱼、牛牛、扎金花、彩票、猜数字、德州扑克等，甚至还有并不开门营业的线下赌场开设的网络直播赌博。

（二）跨境赌博行为是违法的吗？

根据《中华人民共和国刑法》第三百零三条规定，以营利为目的，聚众赌博、开设赌场或者以赌博为业的行为是赌博罪。根据《中华人民共和国治安管理处罚法》第七十条规定，以营利为目的为赌博提供条件的，或者参与赌博赌资较大的行为是赌博违法行为。

二、跨境赌博有哪些形式？

赌博项目除了百家乐、德州扑克、扎金花、掷骰子等传统线下名目外，在信息技术的推动下，还产生以下新形式。

一是地下六合彩。地下六合彩由最初的摆摊销售、现金交易，逐步发展为短信、微信下单，挂账销售或网上交易，具有更强的隐蔽性和便捷性。地下六合彩网络赌博的组织者管理规范，内部分工严密、技术性强。

二是开设线上赌场。组织者在网上开设短时间、流动性网络赌场；

部分租用境外服务器开设网络赌场，以高利诱惑境内人员参赌。

三是依托网络游戏平台进行赌博。组织者买通网络游戏开发商，或自主研发网络游戏，通过购买交换游戏币、经验值、游戏装备等多种方式，利用网络游戏平台进行赌博。

四是网络赌球。地下赌球的刺激性、暴利性，使很多涉赌人员冒险进行境外投注。

五是依托真人视频进行赌博。传统意义上的筹码收单、手写卖码等赌博方式逐渐退出市场，取而代之的是利用真人荷官，远程实体赌场架设视频网络，直接在网上接收参赌者下注参赌。

三、跨境赌博有哪些危害性？

一是跨境赌博十赌九输，很多人为此倾家荡产，衣食无着，严重危害人民群众财产安全和合法权益，损害社会诚信和社会秩序，导致受害者深陷泥潭，具有严重的社会危害性。

二是跨境赌博易诱发其他严重刑事犯罪，并且，跨境赌博滋生一系列黑灰产业，严重影响了社会治安。

三是跨境赌博，导致大量赌资通过地下钱庄等非法金融机构汇至境外，造成资金恶性外流，扰乱了外汇市场秩序，严重危害着国家的金融安全，也损害了我国的国际形象。

四、跨境赌博有哪些"猫腻"？

（一）先予以小利，让受害人尝到甜头

不论是跨境线下赌博还是跨境网络赌博，大部分人会保持着一种高度怀疑的态度，只是抱着试一试的想法用少量金额玩一把。于是庄家会让其在前期以获胜居多，并且赢取的金额可以立即到账，让参赌者产生"很容易赚钱"的想法，上瘾的同时不断增加参赌筹码。一些不法分子还会在赌博聊天群中，利用"发红包"功能，发起"赌大小"、"压数字"等赌博活动，为"跃跃欲试"者提供"试水"的机会。同时安排人员不断发布赚到钱的截图进行造势，以获取参与者的信任。

（二）后台造假，人为操控

大多数的赌局都可以在后台通过精心设计、人为操控的算法设置赔率，或者直接操控赌局结果，让参赌人输多赢少。在跨境线下赌博中，庄家操盘手多为浸淫赌局多年的"老千"，可随心所欲控制赌客的手牌。所以即使是号称"在线发牌"的赌场实时直播也有出千的可能。

（三）以各种理由限制提现

在跨境网络赌博中，庄家还会在提现方面设置障碍。在参赌者充值了大量金额或者赢了一大笔钱后想要提现时，赌博网站往往会以"黑客攻击、系统故障、账号异常、注单违规"等借口限制其账户提现，而解除这个限制就要缴纳高昂的"解封费"，参赌者往往迫切地想取出赢得的钱便缴纳费用，从而越陷越深。

（四）赌局抽水，最后的获胜者只有庄家

在跨境赌博中，赌场都会从参赌者的盈利部分按一定比例收取服务费，行话叫"抽水"。赢得越多，赌场抽成越多，所以最后的赢家只会是赌场庄家，而输的自始至终只有参赌者。

（五）逃避打击，资金损失难以追回

在跨境网络赌博中，其服务器一般都设置在国外，监管难度大。同时，不法分子为逃避有关部门的监测和打击，会大量购买他人的身份证开设账户，以及使用和控制大批他人的支付账户、银行卡，以便于将大额资金分散至多个账户并组织提现，开展违法犯罪活动。

五、如何远离跨境赌博？

想要远离跨境赌博，保护好自己的钱袋子，请牢记以下四点：

一是在跨境赌博、网络赌博等违法犯罪活动中，不法分子往往利用购买来的银行卡及账户转移赌资。为避免承担相应的法律责任，请您不要出租、出借、出售任何形式的个人金融账户，包括银行卡、支付二维码等各类具有收款、付款、转账等功能的实名账户。同时保管好身份证件、银行卡、网银 U 盾、手机等。

二是在我国，参与跨境网络赌博，开设赌博网站是违法犯罪行为，需要承担相应法律风险，请加强防范，自觉抵制。

三是跨境赌博是骗局，平台背后往往是不法分子在操控输赢，请了解网络赌博套路，认清赌博的危害和后果，切勿相信虚假广告宣传，更不要参与。

四是对于网络中陌生的"好友"应提高警惕，切勿轻信对方说辞。妥善保护好自己的银行账户信息和个人信息，不要向他人泄露或在不明网站中填写。

第二节　电信网络新型欺诈有哪些特点

1. 电信网络新型欺诈产生的土壤

电信网络新型欺诈屡禁不绝，有多方面的原因，集中体现在基础性社会安全管控存在薄弱环节。

第一个问题是个人信息的泄露、买卖"黑产业"的存在，给欺诈分子在挑选诈骗对象、改进诈骗模式、获取被诈骗人信任以及提高诈骗成功率等方面极大的便利。如果欺诈分子无法掌握这类信息，诈骗得逞的可能性会小很多，成本也会高很多，很多欺诈就无法得逞。

第二个问题是诈骗中的各类通讯便利。如电信网络的隐蔽性，远程操控，广撒网，以及手机实名制、账户实名制等没有得到全面有效落实等。

第三个问题是百姓对于欺诈的防范意识还不够强，警惕性不够高，各类反欺诈的普及宣传还不够广泛和深入。

在电信网络新型欺诈中，支付便捷性的提升，客观上给犯罪分子实施各类诈骗活动提供了快速转移非法所得资金的便利。

2. 电信网络新型欺诈的特点

较之于传统的欺诈，电信网络新型欺诈犯罪呈现出不少新的特点。

（1）与传统的欺诈方式不同，电信网络新型欺诈呈现非接触性和隐蔽性。非接触性表现为欺诈分子利用网络电话、短信群发器、互联网等媒介实施欺诈，可以隐藏在幕后进行远程操控，实施诈骗，与受害者没有直接的物理接触，缺乏可查的现场痕迹和物证，极大地增加了抓捕难度；隐蔽性表现为信息通过通讯线路、网络设备传输，作案过程均在虚拟空间中进行，犯罪行为容易藏匿，难以追溯。

（2）欺诈分子呈现团伙性、区域性的特性。作案人员会集中在某一个偏僻地带从事欺诈活动。常见的欺诈高发地带，最为典型的是东南亚地区。此类电信欺诈手法相当成熟，作案人员分工明确，作案流程明晰，并有一套成熟的话术：一线话务员使用网络电话，依据被害人信息直接拨打电话，冒充公安机关来核实身份，告知其名下银行卡涉嫌洗钱，待受害人上钩再转到二线话务员；二线话务员则声称为专案组办案人员，通知受害人涉嫌洗钱，需要核实受害人的银行卡账号和余额；三线话务员则假冒公安、法院等有权部门专门骗取账号密码，随即将受害人银行账户内的钱转走，并充分利用线路租赁、呼叫改号等技术手段来获取受害人的信任和躲避警方监控。

（3）电信网络新型欺诈受害者的特点具有广泛性和非特定性。欺诈分子采取漫天撒网的形式，在某一段时间内集中向某号段或者某地区拨打电话、发送短信，受害者的范围覆盖社会各个阶层，任何人都有可能成为欺诈的潜在受害者，如高校教授、公司白领、家庭妇女等。但随着诈骗手段和模式的精细化，也有不法分子利用非法手段获得特定群体的信息，针对特定群体，比如学生、老年人等实施诈骗。

（4）依托高度发达的通信渠道，欺诈的信息和风险传播非常快。新型风险隐患，极易在网络中快速传播，呈现出爆发式增长态势。我国发生了多起移动支付 APP 欺诈案件，部分机构的二维码支付产品刚上线，由于用户身份识别和交易验证手段存在漏洞，发生账户盗用并导致欺诈交易，且相关手法被快速复制传播至其他 APP，呈现出跨机构、跨地区、针对不同类型漏洞多次攻击的特征。

（5）支付产品和平台的多样化，以及支付便捷性提升，客观上给犯罪分子实现诈骗资金远程转移那"惊险一跃"提供了条件。一方面，支付简化了验证的程序，使账户和支付业务流程中安全防护被攻破的概率增加。另一方面，资金的快速到账，使犯罪分子可以快速分散转移资金，迅速提现或者消费，追查难度增加。因此，支付的便捷性就像一把双刃剑，在便利百姓正常的经济生活的同时，也给犯罪分子实施诈骗等不法活动带来了便利。

第三节　打击治理欺诈的主要举措

2016 年 8 月，山东、广东连续发生大学生被骗恶性案件，造成极为恶劣的社会影响，引发社会广泛关注。对此，党中央国务院高度重视，习近平总书记、李克强总理等中央领导同志分别作出重要指示批示，要求严厉打击电信网络欺诈犯罪，抓紧研究提出系统治理、源头治理措施，着力堵塞监管漏洞，坚决铲除犯罪土壤，切实保护人民群众利益。在打击治理电信网络欺诈的整体框架下，金融系统积极采取措施，着力斩断欺诈的资金链路，全力遏制欺诈高发态势。

1. 公民信息的源头保护

《关于防范打击电信网络诈骗犯罪的通告》从三个方面开展治理，一是要求电信企业严格落实电话用户实名制；二是电信企业开展一证多卡用户的清理；三是严禁任何单位和个人非法获取、非法出售、非法向他人提供公民个人信息。通过对电信企业和金融机构两大主体提出相关要求，严控信息获取通道和资金转移端口。

银行类金融机构和非银行支付机构，在大力夯实账户实名制、用户信息保护等方面强化基础工作。商业银行的反欺诈措施重点是账户实名制的落实、用户信息的保护、欺诈事件的识别和受害者损失的减免等。近年来，商业银行根据人民银行有关账户实名制的要求，对存量客户进行分类筛查，对新增客户严格把关，进行账户分类管理。部分银行充分利用技术手段，实现账户信息审核的自动化处理，结合规则推理和决策树等关键技术，实现欺诈交易的实名信息筛查。

2. 资金账户的安全保护

中国人民银行发布《关于加强支付结算管理　防范电信网络新型违法犯罪有关事项的通知》（银发〔2016〕261号）从防范风险传导、建立线上、线下支付交易一体化的安全防范体系入手，在账户实名制、资金转账等环节采取措施加强安全管理。该通知主要从三个方面部署治理措施，一是自2016年12月1日起，实施账户分级制度，同一个人在同一家银行只能开立一个Ⅰ类账户，旨在加强账户审慎管理；二是明确银行和非银行支付机构在规定的异常情况下可以拒绝开户，在防止不法分子假冒他人或虚构代理关系开户的同时，通过严格限定拒绝开户的异常情况，防止银行及非银行支付机构随意拒绝开户，侵害消费者权益；三是要求除本人向同行账户转账外，个人通过自助柜员机（含其他具有存取款功能的自助设备，下同）转账的，发卡行在受理资金转账指令后24小时内，客户可以申请撤销转账，旨在严控欺诈分子的诈骗资金转移渠道。

2019年3月22日，中国人民银行发布《关于进一步加强支付结算管理　防范电信网络新型违法犯罪有关事项的通知》（银发〔2019〕85号文），从健全紧急止付和快速冻结机制、加强账户实名制管理、加强转账管理、强化特约商户与受理终端管理、广泛宣传教育、落实责任追究机制六个方面强化支付安全管理。

3. 支付交易的监测识别

一是构建智能数据库和模型，有效识别、干预欺诈交易。如银行机构的数据采集不仅涵盖各种产品和渠道的基础数据，如电子银行账户聚合数据信息、线下金融交易数据以及相关的各类交易日志等，还引入外部征信数据以及其他的数据信息，例如 IP 地址、城市地理、物理设备、违法犯罪信息及各类欺诈信息等。这些数据的有效汇集，为银行反欺诈工作打下坚实基础。银行机构积极运用大数据、并行处理等技术，从海量交易中快、准、稳地拦截欺诈交易，提高数据分析处理的效率与精度，实现风险的准确识别与实时预警。

非银行支付机构多数从互联网技术公司或电商企业发展而来，具有很强的互联网基因和技术优势。部分非银行支付机构依靠集团的数据资源，结合自身涉及的业务领域，构建独具特色的反欺诈模型。如通过社交数据资源信息构建客户关系图谱，对交易对手方身份进行打分评估，识别欺诈风险；通过客户日常习惯构成的行为数据，对客户进行个人画像，根据每次收集到数据中存在的差异，对画像进行修正，通过识别异常的可疑行为，防范电信网络欺诈事件的发生。

二是深层次挖掘数据价值，为支付用户进行精准画像。面对海量的客户信息和交易数据，依托大数据挖掘、知识图谱等先进技术对客户进行立体画像，从而能够准确"认识"你的客户。要累积普通用户及欺诈分子的数据：用户行为习惯包括累积消费习惯、支付习惯、使用习惯等形成用户准确的行为画像；犯罪分子欺诈画像，包括诈骗攻击时段、资金转移流向、欺诈行为特征。在此基础上，逐步建立支付的黑名单和白名单客户数据和画像库。

通过比对实时交易行为特征与立体画像的异同，进行风险预测。例如，可根据风险数据积累，从账户、设备、位置、关系、偏好等多个维度对犯罪分子的诈骗团伙和欺诈行为进行还原，提炼和总结欺诈行为的规律，构建反欺诈的行为模型；或结合知识图谱技术构建社交关系、交易账户网络关系及黑名单关联关系图谱，通过智能搜索引擎挖掘欺诈团伙的成员，基于图的相似性算法，挖掘与已知欺诈团伙图像特征相似的其他可疑群体，也可根据欺诈团伙图像异动性特征建立持续监测策略。

以上策略能够动态跟踪犯罪分子动向，将验证过的数据信息添加至系统，进行精准风险防控。

4. 涉案交易的及时处理

中国人民银行会同工业和信息化部、公安部、工商总局联合发布《关于建立电信网络新型违法犯罪涉案账户紧急止付和快速冻结机制的通知》（银发〔2016〕86 号），建立涉案账户紧急止付和快速冻结机制，建成运行"电信网络新型违法犯罪交易风险事件管理平台"，对紧急止付、快速冻结业务流程进行了规范，并要求银行、非银行支付机构对涉案账户或可疑账户采取业务限制措施。该措施有利于公安机关利用信息化手段对涉案账户进行紧急止付、快速冻结、快速查询、封停业务等，为提高公安机关冻结诈骗资金效率，切实保护社会公众财产安全，又加上一把"安全锁"。

第四节　防范欺诈要注意什么

消费者是欺诈环节中一个薄弱的环节，尤其是部分消费者对欺诈行为不够重视，缺乏相应的认识，认为欺诈事件与自己隔着"十万八千里"，防范意识的淡薄导致欺诈分子实施欺诈屡屡得逞。如何提高群众支付安全意识已经成为反欺诈一项重要的基础性工作。接下来我们从四个方面为消费者讲解安全支付和反欺诈的知识。

1. 个人信息不泄露

个人信息的保护是防范支付欺诈事件的第一环节，保护个人信息的方法包括：

（1）**不轻易将个人信息保存在网络终端上**。不要在电脑里保存身份证号、密码以及银行卡号等个人信息。特别是在手机相册中，不要保存个人的身份证、银行卡等图片信息。

（2）**不轻易远程发送个人信息**。对于涉及个人隐私的信息不要通过公共渠道进行远程传输。

（3）**不轻易在网络上留下个人信息**。消费者注意保护自己的个人信息，不要随便在网络上泄露包括生日、住址、电话、电子邮箱等个人资料。对于一些 APP 或者网站要求填写个人信息时，要注意甄别和评估。

2. 支付设备安全要保障

随着新兴支付的普及，支付业务拥有多样化的设备终端出口。对于支付终端的保护，是防范支付欺诈事件的重要环节，保护支付终端的方法包括：

（1）**不要连接陌生的免费的 WiFi**。如今公共场所可扫描到的免费 WiFi "漫山遍野"，市民很难分辨。如果不慎链接不法分子搭建的 WiFi，只需 15 分钟就可窃取受害者手机上的个人信息和密码，包括网银密码、炒股账户密码、信用卡账户密码等。建议消费者不要在任何陌生网络中使用账户和密码，对于不确定来源的 "免费" WiFi 保持警惕。

（2）**不要访问不良网站**。在互联网中，存在许多关于赌博、色情、暴力等不良网站，部分 "站主" 会在网页中植入木马病毒，并通过各式各样的宣传图片和弹窗广告，激发消费者好奇心，当你点开网站后，木马病毒就在你的设备中扎根安家，你所有的设备信息和操作信息，黑客都尽收眼底。建议消费者千万不要主动登录不良网站。

（3）**为智能家居设备安装安全软件**。木马和病毒曾让无数电脑和手机成为充斥 "肉鸡" 与 "僵尸" 的网络，而同样的风险正向智能家居设备蔓延。路由器作为居家联网的中心点，存在防御能力不足的缺点，易遭受黑客入侵。建议消费者为智能家居采取防火墙、数据加密、设备权限、事件监测等安全措施，保障智能家居设备安全。

（4）**采取安全手段为设备定期 "体检"**。建议消费者在手机或电脑中，使用防火墙、杀毒软件、漏洞监测等工具，定期监测设备自身及使用环境的安全等级，增强设备的自我保护功能，保证支付设备的使用安全。

3. 资金转账要三思

（1）选择合法可靠的金融机构

合法的金融机构接受监管，履行反欺诈义务，能够较好保障客户资金安全。消费者在办理金融和支付业务时，要选择安全可靠、严格履行反欺诈义务的金融机构。

（2）严禁出租出借出售自己的账户和收款码

欺诈分子、恐怖分子以及其他罪犯都可能利用消费者的银行账户和收款码，以消费者良好的声誉作掩护，通过消费者账户洗白欺诈资金。因此，不要出租、出借、出售银行账户和收款码。这对消费者自身权益也是一种保护。

（3）凡是涉及资金的事情，多想"一分钟"

不论欺诈套路多么复杂，各类电信网络欺诈最终都需要转移诈骗资金，因此科学、安全地使用账户及支付资金是防范电信网络新型欺诈的重要防线。任何涉及"钱"字眼的，请您进入最高警戒状态。在涉及钱的转移动作之前，停在原地，数 60 个数，心中复盘，想想到底对不对。

4. 事后补救要及时

若真的遭受到诈骗，并已经形成损失，请不要惊慌，可参照下列步骤开展行动。

（1）申请账户冻结。立刻联系账户开立机构（银行或非银行支付机构）冻结账户，暂停账户的一切交易活动。

（2）及时报警。拨打地方反诈骗中心或公安机关电话报警，如果时间条件允许，建议直接去当面报警说明情况，并配合警方做好笔录。

（3）保存好证据。收集整理好与此次欺诈事件相关的所有资料，聊天界面、网页信息、骗子个人信息，留存并截图。

📖 读书笔记

1. 欺诈的最终目标是骗取或盗取资金。

2. 欺诈分为授权类欺诈、非授权类欺诈、道德类欺诈三大类。

3. 授权类欺诈就是你被洗脑了，主动把钱送到欺诈分子手里；非授权类欺诈就是你的账户名和密码被泄露了，欺诈分子使用你的账户进行操作；道德类欺诈就是贼喊捉贼，欺诈分子将自我伪装成受害者。

4. 信息泄露是授权类欺诈和非授权类欺诈的"帮凶"。

5. 现阶段我国汇聚各方力量从严打击各类电信网络新型欺诈违法活动。

6. 宣传欺诈防范知识，提高人民群众的反欺诈意识，对于防范欺诈至关重要。

第十一章　支付清算行业自律管理

"一个篱笆三个桩，一个好汉三个帮"，维护市场秩序需要刚柔并济，既要有监管"刚"的一面，也必须辅之以自律"柔"的一面。在行政监管资源有限的情况下，需要行业自律充分发挥"补位"作用，提升行业综合治理效能。

第一节　支付清算行业自律管理情况

1. 什么是行业自律管理

自律才有自由，对于一个人如此，对于一个行业也是如此。

行业自律管理是规范行业行为、协调同行利益关系、维护行业间的公平竞争和正当利益、促进行业发展的重要手段。特别是在"市场的失灵"和"政府的边界"被验证后，在政府这只"看得见的手"和市场这只"看不见的手"之外，行业自律组织这只"若隐若现的手"的作用逐渐受到认可，并开始成为联结和制衡市场与政府的力量。"政府—自律组织—市场"的三元稳定结构得以逐渐成形并最终巩固下来。

随着我国社会主义市场经济体制改革的不断深入，行业自律管理逐渐成为实现多元化市场监管的重要方式，成为了行政监管的辅助手段和重要补充。行业自律管理一方面督促行业内各类机构遵守和贯彻国家法律、法规和政策措施；另一方面通过自律管理规范约束行业内各类机构的行为，体现对行业内各类机构的监督和保护职能。

行业自律管理组织是承接行业自律管理职能的社会团体。根据《国务院办公厅关于加快推进行业协会商会改革和发展的若干意见》（国办发〔2007〕36号），各级人民政府及其部门要进一步转变职能，把适宜于行业协会行使的职能委托或转移给行业协会。除行业自律管理之外，行业自律组织还承担着充分发挥桥梁和纽带作用、切实履行好服务企业的宗旨、积极帮助企业开拓国际市场等职能。

近年来，党中央进一步强调发挥行业自律组织在社会治理方面的重要作用。党的十八届四中全会通过的《中共中央关于全面推进依法治国若干重大问题的决定》明确指出要"完善和发展基层民主制度，依法推进基层民主和行业自律，实行自我管理、自我服务、自我教育、自我监督"，"支持行业协会商会类社会组织发挥行业自律和专业服务功能"。党的十九届四中全会通过的《中共中央关于坚持和完善中国特色社会主义制度　推进国家治理体系和治理能力现代化若干重大问题的决定》进一步强调，"发挥群团组织、社会组织作用，发挥行业协会商会自律功能，实现政府治理和社会调节、居民自治良性互动，夯实基层社会治理基础"。

2. 支付清算行业自律管理组织

我国支付清算市场规模大、参与机构众多。支付清算行业自律管理是充分发挥银行机构、支付机构等主体自身管理能力、提升行业整体合规水平的重要手段。

为加强支付清算行业自律管理，在人民银行的推动下，2011年5月23日，中国支付清算协会（以下简称协会）在北京成立。协会是经国务院同意、民政部批准，并在民政部登记注册的全国性非营利社会团体法人，业务主管单位为人民银行，是我国唯一的全国性支付清算行业自律组织。

按照协会《章程》，协会的宗旨是：遵守宪法、法律、法规和国家政策，践行社会主义核心价值观，遵守社会道德风尚，对支付清算行业进行行业自律，维护支付清算市场的竞争秩序和会员的合法权益，防范支付清算风险，促进支付清算行业健康发展。

经过不断发展，协会会员覆盖面持续扩大。协会会员包括银行、特许支付清算组织、非银行支付机构、财务公司、产业上下游企业、个人会员等，基本涵盖了国内从事支付清算行业的各类主体。

第二节　中国支付清算协会有哪些职能

中国支付清算协会自成立以来，在中国人民银行的指导下，立足于政策传导、自律管理、行业服务等主要职能，对我国的支付行业进行自律管理。秉持"政策传导到位、市场自律规范、服务高质有效"的理念，协会在传导监管政策、打击支付犯罪、维护行业和消费者权益、指导产业发展等各个领域取得了显著成绩，为推进我国支付行业持续健康发展作出了积极贡献。

1. 政策传导

政策传导是协会服务监管、维护行业的重要职能手段。协会作为支付清算行业"政府监管、行业自律、企业内控、社会监督"四位一体治理体系中的重要一环，在政策制定和落实中发挥着政府与市场之间的桥梁和纽带作用。

在政策制定过程中，代表行业反映情况和诉求，加强协调，凝聚共识，出谋划策，发挥协会决策参谋作用。协会召开行业座谈会，征集行业意见诉求，积极参与监管部门会议，为政策的科学制定发挥了必不可少的作用。

在政策发布实施的过程中，协会不断加强政策解读和宣传，做好政策实施过程中的上下联动和协同发力，综合运用协会各项职能和手段，推动政策落到实处。

政策实施后，对政策实施情况进行跟踪和分析，及时向监管部门反馈政策效果。

2. 自律管理

作为行业自律组织，顾名思义，对行业进行自律管理自然是协会的重要本职工作。协会对支付清算行业的自律管理主要通过以下方式实现：

一是"立规矩"，顺应市场发展需求，建立和完善支付自律规则和技术标准，形成相对完备、整体规范的制度体系，使自律管理有规可依。

二是"重执行"，围绕"推动市场自律规范"的目标，建立和完善体系化、制度化的自律管理机制，提高会员单位执行自律管理的自觉性和积极性，确保行业自律取得实效。

（1）协会自律规范体系建设的目标是，建立统一全面、针对性强、具备前瞻性的自律规范体系。目前，协会已经发布实施的自律规范可以分为协会章程及会员管理办法、自律公约，自律管理规范，业务运行规则、业务指引、技术标准等层级。

（2）协会自律管理机制建设的目标是，建立覆盖业务全流程和产业链各主体的常态化、体系化以及具备公信力的自律管理执行机制。目前协会已建立并运行的自律管理机制主要包括：

①自律评价机制。评价内容覆盖支付机构的企业内部管理、履行会员义务、接受行业自律、践行社会责任四个方面。

②自律检查机制。通过自律检查，帮助会员单位排查业务风险，督促会员单位落实监管要求和自律要求，提高合规经营水平。针对行业存在的突出问题督促整改，同时按照协会自律管理规定给予相应的自律惩戒。

③举报奖励和消费者投诉处理机制。开展支付结算违法违规行为举报奖励工作，包括举报受理、调查、处理和奖励。

④自律惩戒机制。协会建立了分级自律惩戒机制，惩戒措施主要包括警告、约谈高级管理人员、强制性培训教育、通报批评、公开谴责、暂停会员资格、取消会员资格等。

▣ 知识拓展30：对外包服务机构及金融科技产品检测认证机构的自律
管理

支付行业的产业链不仅包含支付机构、商业银行等会员机构，还包括外包服务商等非会员单位。这些机构的合规经营状况，直接影响整个支付行业生态的和谐和稳定。近年来，协会在收单外包和金融科技产品这两个重要领域，进一步完善了自律管理与评价机制。

外包业务是收单市场风险的重要源头之一，同时也是监管难以直接覆盖的领域。协会自2018年建立了收单外包服务机构评级机制，并连续3年对收单外包服务机构的开展评级。评级结果成为众多收单机构选择外包服务机构的重要依据。下一步，协会将建立外包服务机构直接备案机制，进一步加强对外包市场的规范管理。

2019年1月，协会建立了金融科技产品检测认证机构的自律管理机制，印发《条码支付移动客户端软件检测规范》和《条码支付受理终端检测规范》。组织认证机构制定统一的金融科技产品认证细则，开发金融科技产品认证管理平台，对认证工作进行全流程线上管理。同时配合人民银行刷脸支付试点，依托金融科技产品认证体系，对市场上的刷脸支付设备进行安全评估，完善白名单机制，推荐金融科技试点单位优先选用。

3. 行业服务

协会由会员组成，自然也应当以会员的利益为重，服务会员、服务行业发展。经过持续的投入和创新，目前协会已建成涵盖监管部门、会员单位、社会公众等多主体，涉及数据服务、交流培训、统计研究、宣传教育等多方面的服务体系。

（1）业务信息服务

目前，协会已开发建设关于商户基础信息、行业风险信息以及身份核验信息等管理系统，为会员单位提供相关业务信息查询服务。

（2）交流和培训服务

协会组织举办中国支付清算论坛等各类论坛、研讨会和座谈会，推动业务交流与合作。面向会员单位组织政策法规解读、业务合规等各类培训班，提升会员单位政策水平和从业人员素质。同时，开展与全球性支付组织的联系和交流，支持国内机构"走出去"，协助做好国外机构"引进来"。

（3）统计和研究服务

组织开展行业数据统计分析和调查研究工作，发布产业报告和社会责任报告，发行会刊，为监管部门、会员单位和社会公众了解行业发展状况提供参考。

（4）协调和维权服务

针对涉及行业定价、税收、发票以及司法等问题，加强与相关政府部门的政策协调，积极维护行业的发展权益。受理消费者投诉，督促行业主体提高服务水平，切实维护消费者权益，为行业发展营造良好的外部环境。

第三节　国外支付行业的自律管理

放眼全球，欧美等发达国家普遍建立了较为成熟的行业协会，在行业自律治理方面发挥了重要作用。学习和了解优秀的国际经验，充分吸收借鉴有益经验，对于我们了解和展望中国支付清算协会未来的发展具有重要意义。

1. 国外行业协会的主要职能

成熟的行业协会是美国、日本和欧洲等发达国家社会治理的重要组成部分，其在维护市场竞争秩序、保护会员单位利益等方面发挥着重要作用。

根据行业协会产生的条件、背景不同，其职能也不完全一样，但总

体而言，主要包括下列职能：参与制定行业规划；行业调研和政策立法
建议；行业统计；办刊咨询；组织展销展览会；参与质量监督管理；帮
助企业改善经营成果；受委托对科技成果的鉴定和推广；国内外经验交
流与合作；制定行规、协调价格；参与制定行业标准及实施和监督；参
与行业许可证的发放和资质审查；政府委托的工作；市场建设（反倾销
等）；技术培训；反映会员要求，协调维权；发展行业和社会公益事业
（见表 11.1）。这些职能，与我国是相似的。

其中，对市场进行监管和制定行业标准是发达经济体行业协会的重
要职能。例如，全美证券交易商协会（NASD）是美国证券市场的重要
监管方，该协会不仅负责贯彻执行美国证监会的管理政策和规定，还建
立 NASD 的管理制度并监督执行，制定纳斯达克证券交易法规、规范及
会员行为准则，对市场上的证券交易活动进行监督。同时，监督、检查
会员的日常经营活动，并可以在会员违反有关规则时加以制裁，当市场
主体出现不正当的交易行为时，该协会有权对其进行惩罚。在标准制定
方面，美国电信行业协会（TIA）制定了美国的光缆标准，美国房车行
业协会（RVIA）制定了美国的甲醛标准。这些标准在国际上均具有很强
的影响力。

表 11.1　各国行业协会职能对照

职能	美国协会	日本协会	欧洲协会
参与制定行业规划及技改前期论证		√	
行业调研建议	√	√	√
行业统计	√	√	自发
办刊咨询	√	√	√
组织展销展览会	√	√	√
管理监督	√	√	√
帮助企业改善经营管理	√		
科技成果鉴定和推广	√	√	
国内外经济交流与合作	√	√	√
制定行规、协调价格	√	√	√

续表

职能	美国协会	日本协会	欧洲协会
参与制定行业标准及实施和监督	√	√	主要向政府 部门提供建议
参与行业许可证的发放和资质审查	√	√	
市场建设（反倾销等）	√	√	√
技术培训	√	√	√
反映会员需求，协调维权	√	√	√
发展行业和社会公益事业	√	√	√

2. 国外支付清算行业协会情况

在不少金融体系完善的发达国家，支付清算行业都成立了统一的协会，尽管名称、法律性质存在差异，但协会都作为不可缺少的一类机构，参与市场管理与服务，其主导作用在一些国家为立法所确认。概况来看，这些协会具有以下几个方面的特征。

（1）从法律性质看，国外支付清算协会多采取公司制，股东是协会的"会员"，对协会的重大事项具有表决权。

（2）从治理结构看，国外支付清算协会在治理模式上基本与公司无异，由股东选举董事会，由 CEO 负责日常管理。本国的金融监管部门在董事会中占有席位，这样的制度安排可以保证公权力机构在协会的话语权，有利于维护本国的金融稳定，推动金融政策的实施。

（3）从内部设置看，除了日常工作部门之外，国外支付清算协会一般都设有专业委员会，有的支付协会则直接在董事会下设委员会。

（4）从会员情况看，国外支付清算协会的会员单位一般都涵盖该领域的主要参与主体，甚至包括监管部门。

例如，澳大利亚支付清算协会目前有超过 80 家会员，包括澳大利亚央行（RBA）、商业银行、与支付行业有关的社会组织、信贷机构、零售商以及其他支付服务机构；

例如，加拿大支付协会规定加拿大央行、商业银行、经授权的外国银行这三类机构必须成为协会会员，其他如信托借贷公司、中央信贷办公室以及其他吸收存款的机构经审核可以加入协会，自2001年开始，该协会扩大会员范围，接受符合条件的人寿保险公司、券商和货币市场共同基金成为协会会员；美国清算所协会的会员则包括17个世界上最大的商业银行。

（5）从职责内容看，除前述行业协会的一般职责外，许多国外支付清算协会还负责建立、运行以及维护支付清算系统，拥有对这些系统的所有、管理或经营权；有的协会虽本身不拥有系统，但是负责制定系统的规则和标准。部分协会还掌握支付清算领域的部分立法权。

表11.2　国外各协会运营业务系统情况

协会名称	业务系统数量	详情
澳大利亚支付清算协会	5	支付清算系统
		批量电子清算系统
		零售电子清算系统
		大额清算系统
		现钞清分和交换系统
加拿大支付协会	3	大额支付系统
		小额支付系统
		大额美元交易系统
英国支付管理局	4	银行间自动清算系统
		支票和贷记清算系统
		大额支付系统
		快速支付系统
日本银行家协会	3	汇票和支票清算系统
		全银数据通信系统（小额清算系统）
		外汇日元清算系统（大额支付系统，处理跨境金融交易产生的日元支付）

（6）从与监管部门的关系看，各国的支付清算协会虽然是完全独立于政府之外的法人机构，但是由于支付清算行业与金融消费者利益密切

相关，影响一国金融体系的稳定运行，因此各国金融监管部门均对支付清算行业协会的活动进行监督。

📖 读书笔记

1. 行业自律管理是规范行业行为，协调同行利益关系，维护行业间的公平竞争和正当利益，促进行业发展的重要手段。

2. 中国支付清算协会是我国唯一的全国性支付清算行业自律组织，主要职能是政策传导、自律管理、行业服务。

3. 成熟的行业协会是美国、日本和欧洲等发达国家社会治理的重要组成部分，其在维护市场竞争秩序、保护会员单位利益等方面发挥重要作用。

4. 在不少金融体系完善的发达国家，支付清算行业都成立了统一的协会，尽管名称、法律性质存在差异，但协会都作为不可缺少的一类机构，参与市场管理与服务，其定位和作用在一些国家为立法所确认。

参考文献

［1］中国人民银行支付结算司（译）.金融市场基础设施原则
［M］.北京：中国金融出版社，2013.

［2］欧阳卫民.现代支付论［M］.北京：中国长安出版社，2010.

［3］励跃.中国支付体系［M］.北京：中国金融出版社，2017.

［4］谢众.支付体系创新与发展［M］.北京：中国金融出版
社，2018.

［5］温信祥.支付研究（2020卷）［M］.北京：中国金融出版
社，2020.

［6］中国支付清算协会.中国支付产业年报（2019）［M］.北京：
中国金融出版社，2019.

［7］中国支付清算协会.支付清算理论与实务［M］.北京：中国金
融出版社，2017.

［8］中国支付清算协会.票据理论与实务［M］.北京：中国金融出
版社，2017.

［9］中国支付清算协会.预付卡理论与实务［M］.北京：中国金融
出版社，2018.

［10］中国支付清算协会.银行卡理论与实务［M］.北京：中国金
融出版社，2018.

［11］中国支付清算协会.预付卡一点通［M］.北京：中国金融出
版社，2014.

［12］周伟，张健，梁国忠.金融科技［M］.北京：中信出版社集
团，2017.

［13］莫菲，赵大伟. 科技重塑金融［M］. 北京：中国金融出版社，2017.

［14］Changes in U. S. Payments Fraud from 2012 to 2016：Evidence from the Federal Reserve Payments Study［R］. 美联储 2018. 10.

［15］FRAUD THE FACTS 2019：The defnitive overview of payment industry fraud［R］. 英国金融业协会 . 2019. 06.

后　记

近年来，随着我国经济金融体系的不断发展和各类经济主体支付需求的持续增长，我国支付服务已快速融入经济生产、商品交易以及社会生活的方方面面，对激发我国经济活力、引领产业变革发挥了重要作用。

"强国之道，在于强民；强民之道，唯在养成健全之个人"。广泛、深入地宣传和传播支付清算知识，开展支付安全教育，营造有利的发展环境，对于支付产业高质量发展具有重要意义。基于此，中国支付清算协会编写了《支付清算知识普及读本》（以下简称《读本》）。《读本》可以作为普通消费者学习和了解支付清算知识的入门图书，也可作为对支付清算行业感兴趣的财经院校相关专业在校学生或经济、金融、金融科技等相关从业人员的普及类教材。

协会秘书长陈波对于《读本》的编写工作高度重视，从定位、风格以及框架等方面亲自指导和审定。《读本》编写历经一年，中间经历了反复的讨论、修改和审读，协会各位同事积极参与，贡献智慧；各位领导大力支持，提供指导；协会会员单位踊跃提供素材和案例；《读本》编写得到了人民银行的正确指导和支持。在此，一并表示诚挚的感谢！

《读本》的出版和发行只是消费者金融知识教育工作的一站，金融和支付清算知识普及永远在路上。希望此书能够有助于社会各界更加全面、准确地了解支付清算行业，有助于消费者有效提高支付安全意识和技能，推动支付清算行业沿着高质量的道路持续健康发展。

《读本》难免存在疏漏和不足之处，企盼各界同仁提出宝贵意见和建议，使我们的工作日臻完善和成熟。

《支付清算知识普及读本》编写组
2020 年 9 月